关于信访工作的

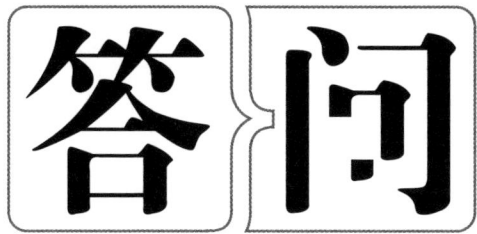

中共中央党校（国家行政学院）政治和法律教研部信访攻坚课题组

刘素华 孙培军 等｜著

中央党校出版集团

国家行政学院出版社
NATIONAL ACADEMY OF GOVERNANCE PRESS

图书在版编目（CIP）数据

关于信访工作的答问 / 刘素华等著 . —北京：国家
行政学院出版社，2022.9
ISBN 978-7-5150-2706-7

Ⅰ . ①关… Ⅱ . ①刘… Ⅲ . ①信访工作—中国—问题
解答 Ⅳ . ① D632.8-44

中国版本图书馆 CIP 数据核字（2022）第 144759 号

书 名	关于信访工作的答问	
	GUANYU XINFANG GONGZUO DE DAWEN	
作 者	刘素华 孙培军等	
统筹策划	陈 科	
责任编辑	刘 锦	
出版发行	国家行政学院出版社	
	（北京市海淀区长春桥路 6 号 100089）	
综 合 办	（010）68928903	
发 行 部	（010）68928866	
经 销	新华书店	
印 刷	北京盛通印刷股份有限公司	
版 次	2022 年 9 月北京第 1 版	
印 次	2022 年 9 月北京第 1 次印刷	
开 本	155 毫米 ×230 毫米 16 开	
印 张	11.25	
字 数	94 千字	
定 价	36.00 元	

本书如有印装问题，可联系调换，联系电话： （010）68929022

信访是送上门来的群众工作，要通过信访渠道摸清群众愿望和诉求，找到工作差距和不足，举一反三，加以改进，更好为群众服务。

——2022 年 3 月 1 日，习近平总书记在春季学期中共中央党校（国家行政学院）中青年干部培训班开班式上的讲话

出版说明

　　党的十八大以来，中国特色社会主义进入新时代，开启新征程。诚如马克思所指出的，"问题就是时代的口号，是它表现自己精神状态的最实际的呼声"，新时代就要解决新问题。

　　为回应新时代背景下广大党员、干部、群众特别关心、迫切需要解答的现实问题，我社特推出"新时代之问"系列答问读物，邀请相关领域权威专家学者，针对党的十八大以来我国在经济、政治、文化、社会、生态等领域重大问题进行专题解答。"新时代之问"系列秉承解决真问题、真解决问题的初衷，力求提出的问题和分析解答有助于广

大党员、干部深刻领会把握习近平新时代中国特色社会主义思想的精神实质、核心要义、丰富内涵和实践要求，把学习成果转化为推动工作的强大动力和生动实践。为实现社会主义现代化强国目标和中华民族伟大复兴凝心聚力！

前　言

在国家治理体系中，信访工作解决的是常态治理中人民群众提出的意见或诉求，是提高国家治理能力和治理水平必须要解决的难点、盲点或症结，历来受到党和国家领导人的高度重视。在党的领导下，国家不断完善信访工作机制体制，2022年2月25日，中共中央、国务院共同发布《信访工作条例》（以下简称《条例》），[①]从党法和国法两个层面构建党政同抓共管的信访工作机制，进一步推进新时代信访工作高质量发展。

在中国历史发展中，有"信访"的传统，早在尧帝时

[①]《信访工作条例》立项在党内法规序列，但由中共中央、国务院共同发布，应属一种制度创新。《中国共产党党内法规制定条例》规定，党内法规分为党章、准则、条例、规定、办法、规则、细则七种。《中华人民共和国立法法》规定，国务院根据宪法和法律制定行政法规。本条例适用于各级党政机关、人大、政协、监察机关、司法机关、群团组织及国有企事业单位等，具有党法和国法的双重属性。

就设立"敢谏之鼓"，舜帝时设立"诽谤之木"，到西晋时正式出现"登闻鼓"，直诉制度逐渐发展完善。"周鼓上言变事"，直诉成为上诉、举告、议论政事、请愿自荐的快速通道，在一定程度上能够起到监督官僚队伍、促进司法公正、在官僚系统之外获取民间信息的重要作用。

中国共产党领导下的信访工作有 90 多年的历史，早在江西瑞金革命根据地时期就设有控告箱，受理工农群众对政府及其工作人员的意见。新中国成立初期，党和政府为建设新中国，积极倾听人民群众的呼声、意见、建议等，搭建了人民反映问题、申诉、反对官僚主义、宣传党的方针政策、联系人民群众的桥梁，后称为"人民信访"。人民信访经过 70 多年发展，今天已是党法和国法共同保障的新时代党的群众工作的重要组成部分。

党的十八大以来，习近平总书记对信访工作作出一系列重要指示，强调信访工作是送上门的群众工作，各级党委和政府要牢记为民解难、为党分忧的政治责任，要把信访工作作为了解民情、集中民智、维护民利、凝聚民心的一项重要工作，要把解决信访问题的过程作为践行党的群众路线、做好群众工作的过程。要践行以人民为中心的发展思想，坚持把人民群众的小事当作自己的大事，真诚倾听群众呼声，真实反映群众愿望，真情关心群众疾苦，千方百计为群众排忧解难。从习近平总书记的要求可以看出，信访工作事关党的执政根基，事关人心所向。做好信访工作，就是做好关系国家百年大计的群众工作。

中国共产党作为马克思主义政党，在带领中国人民扎实推进共同富裕，不断增强人民群众获得感、幸福感、安全感，奔向第二个百年奋斗目标的征途上，让每个人都能享有美好幸福生活，及时解决民众遇到的急难愁盼问题，这也是党和政府的职责所在。特别在社会变革期，社会利益格局调整带来的发展不平衡，引发的多元化社会矛盾，需要有畅通渠道化解，满足人民群众的合情合理合法诉求。长期以来，在行政复议、司法诉讼和其他矛盾纠纷调解机制不能完全承担这些社会责任的情况下，信访工作扛起了这一社会重担，在国家治理中发挥着社会晴雨表的作用。

近两年，中共中央党校（国家行政学院）政治和法律教研部多个班次的教学组青年教师孙培军、李文静、帅奕男、赵洲洋等发现学员在"两带来"和"双向交流"问题中提出的信访相关问题比例上升，学员非常期待能在中共中央党校（国家行政学院）的学习中得到解答。为了解决学员在信访工作实践中遇到的问题，2021年秋季学期开学后，这些青年教师以极强的责任心在教研部全体教师会议上，汇报了上述教学情况，并提出系统解答学员信访问题的建议。时任政治和法律教研部主任的周佑勇教授认为，应该组织教研力量长期研究信访问题。经讨论，在这次会议上决定成立政治和法律教研部信访攻坚课题组。课题组成立后，认真梳理近3年来学员提出的相关信访问题，经过归类整理形成30个大问题，最后根据内在逻辑、理论和实践关系，确定23个问题，课题组成员分工合作，着力从理论上研究回答。原计划在2021年11月开始写作，后得知新的《信访工作条例》将要审议通过，课题组在2022年2月中共中央、国务院发布《信访工作条例》后，对标《信访工作条例》确立的信访工作指导思想、政治责任、主要原则、功能作用和构建的信访工作治理新格局，完成了对本书的撰写。

课题组负责人刘素华教授长期研究中国信访问题，多年参与国家信访局的相关理论研究工作，深刻理解信访工作的重要性。2021年4月，她和同事到安徽、江西调研信访问题，在江西省专门调研检察系统涉法涉诉信访案件化解情况，2022年7月，课题组的成员再对江西省检察系统化解涉法涉诉信访积案和源头预防涉法涉诉信访纠纷的相关机制及实际运行情况进行调研，两次调研收获颇丰。课题组和江西省检察院检察长等同志多次座谈深入交流，到江西多个市、县检察院实地调研，了解了江西省检察系统探索建立的"案—访比"质效分析管理制度，在"诉访分离"制度实施后，对切实从源头化解涉法涉诉信访纠纷有了新认识。调研工作得到江西省各级检察院的大力帮助和支持，获得大量的第一手详实资料数据和一批息诉息访案例，特别感谢江西省检察系统的同志们！2022 年 8 月初再到安徽调研，安徽创新建立"党建＋信访""清单＋闭环""倒查＋问责""专项治理＋系统治理"四项机制和省党政主要领导带头下访接访等，源头预防化解信访积案效果显著。非常感谢安徽省委党校、黄山市委党校的领导和同志们给予的鼎力支持！两省调研为解答学员信访问题和从理论上研究信访工作的机制体制得到了实证支撑。

我们感谢为本书提供引用资料的作者们！引用资料加深了我们对有关问题的认识，为展开研究工作奠定了较扎实的理论基础。我们申明：引用资料的不当之处由我们负责，与资料原作者无关。

我们感谢中国法学会董必武法学思想（中国特色社会主义法治理论）研究会秘书长崔红星同志、中共安徽省委党校（安徽行政学院）政治和法律教研部杜敏教授等对本书的问答题目和写作提出的意见和建议。特别感谢中央党校出版集团、国家行政学院出版社的领导及编辑、校对对本书出版给予的大力支持！

　　本书作者为中共中央党校（国家行政学院）政治和法律教研部刘素华、孙培军、李文静、帅奕男、赵洲洋五位教师。

目　录

问题一

如何理解信访工作的内涵？

要了解信访工作的内涵，需要先了解信访的内涵，才能准确把握信访工作的内涵。在实践中，也是先有人民群众的信访，后有信访工作。中国共产党领导下的信访，是一个逐步发展的过程，由来信来访、控告箱等形式逐渐发展而来。[①] 在不同的历史时期，信访人提出的信访事项不同，信访工作的内涵也不同。

一、信访的历史沿革

中国共产党成立以来，就坚持从群众中来，到群众中去的原则，党的一大通过的第一个党的决议——《关于当

[①] 参见李文章：《坚持以人民为中心　开创新时代信访工作新局面》，《学习时报》2022 年 4 月 29 日。

前实际工作的决议》，规定了党在当时的中心工作是组织工人阶级运动，加强对工人的领导，注意在工人和其他劳动人民中发展党员。表明我党从成立时就明确要走群众路线，这个革命法宝坚持至今。信访工作是党的群众工作的一种重要形式和组成部分。

（一）革命根据地的信访

早在江西瑞金时期，中华苏维埃共和国临时中央政府就设立了控告箱和群众来访接待场所，专门受理和接受工农群众对政府及其工作人员的意见反映。[①] 当时，"从临时中央政府到县级组织系统中，各级均设有工农检察部（科），下设控告局……江西兴国县苏维埃政府就设置了控告箱。大量的群众控告类来信主要由控告局负责处理"。[②] 在延安，毛泽东、周恩来等同志对群众来信来访亲自处理，帮助群众解决了大量生产生活问题。[③] 如新闻工作者范长江曾于 1938 年 1 月 3 日给毛泽东同志写信谈论国家重大问题，毛泽东同志于 2 月 15 日复信，希望大家为促

---

① 李文章：《坚持以人民为中心　开创新时代信访工作新局面》，《学习时报》2022 年 4 月 29 日。

② 舒晓琴主编：《中国信访制度研究》，中国法制出版社 2019 年版，第 25 页。

③ 李文章：《坚持以人民为中心　开创新时代信访工作新局面》，《学习时报》2022 年 4 月 29 日。

进并实行共同抗战、共同建国纲领而奋斗。[①] 又如，1938年8月，抗日军政大学第六大队第一支队政治教育干事柳夷写信反映其入党障碍问题等，毛泽东同志于 10 月 30 日复信表明自己的看法，并告知写信人下一步反映问题的办法和渠道。[②] 可以看出，在革命根据地时期，党的领导人和根据地政府就十分重视人民群众的来信来访，内容从国家大事到个人具体权利，也包括控告检举，已具有今天信访的内涵。

（二）新中国成立初期的信访

新中国成立初期，党和政府建设社会主义新国家，需要倾听人民群众的呼声、意见和建议等，积极构建了人民对政府工作存在问题进行反映、申诉、反对官僚主义、宣传党的方针政策、联系人民群众的桥梁和窗口。那时中央人民政府委员会办公厅指派专人负责人民来信来访工作。群众给党中央、毛泽东同志的信由中央书记处政治秘书室负责处理，开始是兼职，后改为专职。[③] 1951 年 5 月 16 日，

---

① 参见舒晓琴主编：《中国信访制度研究》，中国法制出版社 2019 年版，第 25 页。

② 参见舒晓琴主编：《中国信访制度研究》，中国法制出版社 2019 年版，第 25 页。

③ 舒晓琴主编：《中国信访制度研究》，中国法制出版社 2019 年版，第 26 页。

毛泽东同志针对人民群众的来信，作出批示"必须重视人民的通信，要给人民来信以恰当的处理，不要采取掉以轻心置之不理的官僚主义态度……"，①1951 年 6 月 7 日，政务院颁布《关于处理人民来信和接见人民工作的决定》（以下简称《信访决定》），正式建立新中国的信访制度，依法开启信访工作。《信访决定》要求"各级人民政府对于人民的来信或要求见面谈话，均应热情接待，负责处理"，"对报纸刊物所载人民群众的批评或意见，各有关机关或工作人员须认真研究处理，并应在该报刊上作公开的答复或检讨"。明确党政机关及其工作人员，对媒体公开刊载的人民群众的"批评意见"，要作"公开的答复或检讨"，对人民群众的反映要回应，要解决问题。《信访决定》明确了人民信访的性质是国家治理中的政治参与、政治监督。当时的工作原则是欢迎人民群众积极来信来访，为国家建设建言献策，体现人民当家作主的地位。

1953 年 1 月 5 日，毛泽东同志在党内指示《反对官僚主义、命令主义和违法乱纪》中对官僚主义进行了批判，并要求结合整党建党及其他工作，从处理人民来信工作入手，整顿官僚主义作风。随后《人民日报》也发表了一系

---

① 中共中央文献研究室编：《建国以来重要文献选编》第二册，中央文献出版社 1992 年版，第 265 页。

列社论批判官僚主义，鼓励人民来信来访。将人民的来信来访统称为信访是从 20 世纪 60 年代开始的。"'信访'一词，是新中国成立后在处理人民来信来访工作的长期实践中逐步形成的。1963 年 12 月，国务院秘书厅发布《信访档案分类办法》，在中央国家机关内部文件较早使用'信访'一词。"①

（三）党的十一届三中全会前后的信访

1976 年 10 月后，许多在"文化大革命"中权益受损的干部群众通过来信来访反映问题，要求平反和落实政策，到了 1982 年 4 月 8 日，中共中央办公厅、国务院办公厅向各地各部门转发了当年第三次全国信访工作会议通过的《党政机关信访工作暂行条例（草案）》（以下简称《暂行条例（草案）》），首次在政策法规名称中使用"信访"一词。②《暂行条例（草案）》明确了实事求是，正确执行党的方针、政策，件件有着落、有结果等信访工作原则，规定了信访工作领导制度、信访工作机构的设置规格和基本任务、具体工作制度等。这为各地各部门信访工作

① 刁杰成编著：《人民信访史略》，北京经济学院出版社 1996 年版，第 338 页。
② 参见舒晓琴主编：《中国信访制度研究》，中国法制出版社 2019 年版，第 24—39 页。

机构的设立提供了统一的文件依据，全国信访工作机构渐成系统。[①]1995 年 10 月 28 日，国务院颁布的《信访条例》是对新中国 40 多年信访工作制度建设经验的总结，是信访工作步入法制化轨道的重要标志。[②]《信访条例》以行政法规的形式确立了信访和信访工作制度，规定了信访是信访人提出信访事项后，由政府及其职能部门受理处置的活动。信访主要是指信访人与政府之间产生的各种联系，信访工作的定位是行政救济。2005 年国务院第 76 次常务会议通过了新的《信访条例》，自 2005 年 5 月 1 日起施行。

但在实践中，除政府及其相关职能部门接受人民群众的来信来访外，各级党政机关、人大、政协、监察机关、审判机关、检察机关、群团组织、国有企事业单位等都有接待人民来信来访的职能部门，信访工作实际延伸到了所有国家公权力机关和国有公共性组织单位中。

（四）中国特色社会主义新时代的信访

进入 21 世纪，随着通信载体的进步，互联网的普及，

---

① 参见舒晓琴主编：《中国信访制度研究》，中国法制出版社 2019 年版，第 39 页。

② 舒晓琴主编：《中国信访制度研究》，中国法制出版社 2019 年版，第 41 页。

公民的信访由原来的书信、电子邮件、传真、电话、走访、上访等形式，拓展到了借助互联网发送网络信息的形式向各级国家机关及其职能部门、群团组织、国有企事业单位等反映情况，提出建议、意见或者投诉，请求权利救济等。2022 年 1 月 24 日，经中央政治局会议审议批准，2 月 25 日中共中央、国务院发布的《条例》第十七条规定："公民、法人或者其他组织可以采用信息网络、书信、电话、传真、走访等形式，向各级机关、单位反映情况，提出建议、意见或者投诉请求，有关机关、单位应当依规依法处理。"本条规定就是信访的内涵，也明确了信访工作的主体范围。根据第十七条规定，反映情况，提出建议、意见或者投诉请求的公民、法人或者其他组织，称信访人。

二、信访工作的内涵

长期以来，信访工作的内容就是处理人民群众来信来访，是基于信访而产生的工作。

（一）信访工作的定义

关于信访工作的定义和定位，《暂行条例（草案）》第一条规定："正确处理人民群众来信来访，是各级党委和政府的一项经常性的政治任务。做好这项工作，对于发扬社会主义民主，贯彻执行党和国家的方针政策，改进领导作风，密切党群关系，调动人民群众建设社会主义的积极性，推动我国社会主义现代化建设，巩固人民民主专政，都有着重大的意义。各级党委和政府必须把这件大事认真办好。"从这条规定可以看出，信访工作虽然是处理人民群众来信来访，但事关国家经济建设发展、政权稳定等，是各级党委和政府的政治任务和大事。《暂行条例（草案）》对信访工作内涵的定位延续到今天。从理论上看，信访工作是公权力部门和组织对信访活动作出的回应，是对信访事项进行处理的行为。信访工作的主要内容是处理信访事项，其外延随着社会变化也在不断扩展，呈现出两个特点：一是延伸到信访事项发生之前，如通过征求意见建议等形式，主动吸收社会成员参与、开展决策评估等，主动预防矛盾纠纷的发生；二是延伸到信访事项办理之后，如对反映的问题进行综合分析研判，为政策调整和完善提供依据，①促进相关部门提高公共治理能力。

---

① 参见舒晓琴主编：《中国信访制度研究》，中国法制出版社 2019 年版，第 6 页。

（二）信访工作的性质

关于信访工作的性质,《条例》第三条规定:"信访工作是党的群众工作的重要组成部分,是党和政府了解民情、集中民智、维护民利、凝聚民心的一项重要工作。"对信访工作的定位是党的群众工作,这就是信访工作的性质。做好新时代信访工作,就是做好党的群众工作。信访工作要坚持和发扬新时代枫桥经验,对矛盾纠纷以"小事不出村、大事不出镇、矛盾不上交"为工作目标;对信访事项的处置,《条例》第二十七条作出了规定:"按照诉求合理的解决问题到位、诉求无理的思想教育到位、生活困难的帮扶救助到位、行为违法的依法处理的要求,依法按政策及时就地解决群众合法合理诉求,维护正常信访秩序。"这些内容明确了信访工作的性质、工作目标和处置方式。

（三）信访工作的启动

信访人的信访行为是信访工作启动的前提,为保证信访人能够更为便利地实现信访权利,《条例》第十八条细化了提出信访事项的方式、路径,增强了操作性,保障了信访人更好地行使信访权,启动信访工作。《条例》第十八条规定："各级机关、单位应当向社会公布网络信访渠道、通信地址、咨询投诉电话、信访接待的时间和地点、查询信访事项处理进展以及结果的方式等相关事项，在其信访接待场所或者网站公布与信访工作有关的党内法规和法律、法规、规章，信访事项的处理程序，以及其他为信访人提供便利的相关事项。"《条例》第二十一条规定："各级党委和政府应当加强信访工作信息化、智能化建设，依规依法有序推进信访信息系统互联互通、信息共享……方便信访人查询、评价信访事项办理情况。"这些便利信访人提起、跟踪信访事项的程序规定，保证了信访人实现信访请求权和实体权利，也保证了党和政府及时、全面了解社情民意，贴近群众、贴近民心，做好信访工作。

问题二

信访工作与党的群众工作是什么关系?

《信访工作条例》第三条明确规定：信访工作是党的群众工作的重要组成部分，是党和政府了解民情、集中民智、维护民利、凝聚民心的一项重要工作，是各级机关、单位及其领导干部、工作人员接受群众监督、改进工作作风的重要途径。

一、信访工作是党的群众工作的一种形式

人民群众是真正的历史创造者，是中国共产党的根基和血脉。"我们共产党人区别于其他政党的又一个显著的标志，就是和最广大的人民群众取得最密切的联系。全心全意地为人民服务，一刻也不脱离群众；一切从人民的利

益出发，而不是从个人或小集团的利益出发。"①我们党的性质和根本宗旨决定了一定要高度重视群众工作、做好群众工作，始终密切党群关系。

抗日战争时期，毛泽东同志从马克思主义基本原理与中国人民革命斗争实际相结合的立场出发，全面阐释了党的群众路线的内涵，其在《关于领导方法的若干问题》中提出了"一来一去"的根本工作路线，②在《文化工作中的统一战线》中提出联系群众的两条原则："一条是群众的实际上的需要，而不是我们脑子里头幻想出来的需要；一条是群众的自愿，由群众自己下决心，而不是由我们代替群众下决心。"③

可以说，"从群众中来，到群众中去""密切联系群众""全心全意为人民服务""坚持人民主体地位"等不同时期的话语表达，体现出党的群众工作的方式方法和基本要求。在这些形式多样的工作方法中，了解实情是基础，切实解决群众的实际问题、统一思想和认识是目的，而信访工作恰恰是深入群众、了解民情、沟通民意、维护民利的重要方式和途径。

---

① 《毛泽东选集》第三卷，人民出版社 1991 年版，第 1094—1095 页。
② 《毛泽东选集》第三卷，人民出版社 1991 年版，第 899 页。
③ 《毛泽东选集》第三卷，人民出版社 1991 年版，第 1012—1013 页。

二、信访工作是党的群众工作的重要组成部分

党的群众工作，是中国共产党依据人民群众是历史的创造者这一历史唯物主义原理，宣传、发动、教育和组织中国各族人民，从事共同推动中国社会发展的全局性工作。宣传教育群众，尊重依靠群众，组织引导群众，提高群众的思想政治觉悟，调动群众的积极性，是党的群众工作的基本任务。具体包括：（1）发动群众，向群众宣传党的主张。（2）教育群众，帮助群众提高思想政治觉悟和业务水平。（3）尊重群众，听取群众对党员和党的工作的批评意见。（4）依靠群众，充分发挥群众的积极性和创造性。（5）关心群众，维护群众的正当权利和利益。（6）引导群众，妥善处理和化解各种矛盾，协调各种关系。[①]

信访工作不仅是群众工作的一种形式，更是群众工作的重要组成部分。习近平总书记强调："信访是送上门来的群众工作，要通过信访渠道摸清群众愿望和诉求，找到工作差距和不足，举一反三，加以改进，更好为群众服务。"[②]党的十八大以来，以习近平同志为核心的党中央高度重视信访工作，并对信访工作作出了一系列重要指示批

[①] 《群众工作的任务有哪些？》，共产党员网，2012年6月12日。
[②] 《习近平在中共中央党校（国家行政学院）中青年干部培训班开班式上发表重要讲话》，新华网，2022年3月1日。

示。作为党和国家机构所承担的一项重要工作，信访工作不仅由专门机构负责处理，相关的体制机制、规章制度、标准原则等也正在得到逐步完善。

三、信访工作是践行党的群众路线的具体体现

党的群众路线要求一切为了群众，一切依靠群众，从群众中来，到群众中去，把党的正确主张变为群众的自觉行动。信访工作是践行党的群众路线的具体体现。

信访工作是联系党和群众的桥梁。首先，信访是反映社情民意的晴雨表，是群众所思所想所盼的直接表达，是社会矛盾问题的真实反映。[①]群众的信访可以反映出十分丰富的信息，如一段时期内社会中的主要问题或普遍问题、人民群众关注的问题、大众舆论风向、亟须党和政府解决的难题等。这些是党和政府制定各项公共政策、作出重大决策的重要依据。北京、上海等地的信访机构都建立了专门的人民建议征集部门，依法接收办理民众对于公共事务的意见和建议。[②]只有做到"从群众中来"，才能使政策、决策更加科学、民主。其次，信访工作还是实现"到

[①] 舒晓琴主编：《中国信访制度研究》，中国法制出版社2019年版，第57页。

[②] 王凯：《做好"送上门来的群众工作"》，《人民日报》2022年3月21日。

群众中去"的重要途径。信访工作通过及时准确地把党和国家的大政方针、重要会议精神、国家有关法律法规政策等传送到群众中去，让群众充分认识到、体验到这些方针、精神、制度、政策就是合理吸收了群众需求和智慧后制定的，从而增强群众的认同感，让群众将党的这些主张变成自觉的行动。正如毛泽东同志所说，"要在人民群众那里学得知识，制定政策，然后再去教育人民群众。所以要当先生，就得先当学生，没有一个教师不是先当过学生的。而且就是当了教师之后，也还要向人民群众学习，了解自己学生的情况"。① 毛泽东同志还讲，"凡属人民群众的正确的意见，党必须依据情况，领导群众，加以实现；而对于人民群众中发生的不正确的意见，则必须教育群众，加以改正"。② 简而言之，信访工作是落实群众路线的载体，群众工作方法亦贯穿信访工作始终。

信访工作最重要的是解决人民群众最关心最直接最现实的利益问题。保障权益是信访制度本身的价值追求，也是信访工作的主要任务。从群众的利益出发，一切为了群众，一切依靠群众，是信访工作的出发点和落脚点。只有推动从根本上解决好群众合法的利益诉求，做到"件件有

---

① 《毛泽东文集》第八卷，人民出版社 1999 年版，第 324 页。
② 《毛泽东选集》第四卷，人民出版社 1991 年版，第 1310 页。

着落，事事有回音"，才能筑牢社会和谐稳定的民心基础，实现密切联系群众的政治使命。

信访工作还可以充分发挥群众的监督作用。群众监督是最基本、最直接、最有效的监督。2016 年 10 月 27 日，习近平总书记在党的十八届六中全会第二次全体会议上强调："要自觉接受群众监督，畅通信访举报渠道，对违规违纪典型问题严肃处理，及时回应人民群众关切。"①2018 年 12 月 13 日，习近平总书记在十九届中央政治局第十一次集体学习时的讲话中再次强调："要把日常监督和信访举报、巡视巡察结合起来，加强对问题整改落实情况的督促检查，对整改抓不好的要严肃问责。"②做好信访工作，认真对待信访举报，既可以使群众感受到党对各类监督的重视以及纪检监督的力量，也是让群众参与监督、习惯监督的重要途径。只有让群众成为监督公权力的主体，才能使党的群众工作乃至所有工作更加"耳聪目明"。

---

① 习近平：《在党的十八届六中全会第二次全体会议上的讲话（节选）》，共产党员网，2016 年 12 月 31 日。

② 《习近平：信访是送上门来的群众工作》，党建网微平台，2022 年 7 月 4 日。

问题三

如何认识新时代的信访问题及做好
群众的信访工作？

信访制度在中国有其存在的合理因素，中国传统文化、马克思主义政党理论、中国政治实践的现实需求都为其形成发展提供了土壤。要正确地看待信访问题，必须立足于中国本土国情，处理好相关关系。

一、厘清信访问题的几大误区

做好信访工作，要正确认识和信访相关的概念，只有正确定位，才能做好信访工作。

（一）信访和上访

在一些人的认知中，谈到信访的第一反应就是上访，甚至将信访和上访在某种程度上画上了等号。实际上，信访的范畴要广于上访，上访仅是信访的一个方面，上访不能简单等同于信访，更不能用上访来代替信访。现实中，上访内容所反映的往往是社会问题的难点、痛点，更容易引起广泛关注，进而人们在观念上形成了信访就是上访的错误认知。这种认识误区不利于正确看待信访问题，更不利于信访工作的开展。

（二）信访和维稳

信访群体良莠不齐、信访内容真假难辨，而且信访过程中无序行为、极端行为等时有发生，这使各级党政机关不得不考虑社会秩序的稳定问题。如此一来，逐渐形成一种错误的简单逻辑，即信访就需要维稳。实际上，信访制度是中国共产党了解社情民意的晴雨表，是党和人民之间的"黏合剂"，而不应是"隔断器"。因此，信访从来不是导致社会不稳定的因素，信访所反映的问题才是导致社会不稳定的根本原因。正确看待信访问题不能陷入"机械维稳""维稳怪圈"的状态中。

（三）信访和人治

有人认为信访有损司法权威，主观性太强，与法治理念不符，有人治的影子。实际上，这种观点有失偏颇。信访本身有法可依、有章可循。所以，我们不能被不合规、不合理等异化的信访现象掩盖了其本身依法依规的正当性。而且，法治化并不简单等同于法律化，法律制度必须以人民利益为核心，不断改革完善的信访制度恰恰是法治理念的体现，同时司法腐败也更需要司法体系外的社会监督。

（四）信访制度与民主政治制度

信访制度受争议颇多，但历经多年实践，其非但没有被直接取消，反而在我国政治制度实践之中不断运转并持续完善。信访制度本质上就是一种民主制度，不能将之从整个社会主义民主政治制度体系中单独剥离出来，割裂各民主制度设计之间的紧密关系。

二、内外并举做好信访工作

《条例》第十五条第二款规定："各级机关、单位应当拓宽社会力量参与信访工作的制度化渠道，发挥群团组织、社会组织和'两代表一委员'、社会工作者等作用，反映群众意见和要求，引导群众依法理性反映诉求、维护权益，推动矛盾纠纷及时有效化解。"做好信访工作，不能就数量谈数量，必须立足于从源头减少矛盾。同时，还要理顺公民表达诉求的渠道，防止信访成为民意表达的"独木桥"。

（一）于外：加强源头治理

当前，信访工作出现一些问题，固然有信访制度自身不完善的原因，但从源头上看，信访"超负荷"实际是由社会矛盾纠纷增多导致的。如果仅仅着眼于信访量的增减而忽略源头治理，那么短期内信访总量的确能够得到控制，但这也可能是一种更加危险的信号：将出现矛盾的积聚和爆发。对此，要全面综合分析。

1.科学施策

信访事项虽然纷繁复杂，但背后反映的大多是因利益诉求而引起的矛盾。正如学者总结的，"如果把信访机关设计成无所不能的'大抹布'，而无数个基层组织和行政部门漠视群众利益的'龙头'在时刻不停地'冒泡滴漏'，那么，无论再给信访机构增加多少编制，授予多大权力，也只能是忙于应付"。①各级党委政府在治理过程中不能盲目追求指标完成率等冰冷数字的"增长"，造成群众幸福

---

① 汤啸天：《信访制度的改革与社会稳定》，《探索与争鸣》2005年第4期。

指数的"降低"，国家治理既要有力度，更需有温度。改革绝不能以牺牲弱势群体利益为代价，共享的发展观意味着共享是全面的，不能为了少数人而排除多数人，也绝不会单纯地为了所谓的多数人而遗漏部分人，[①]要坚决杜绝因不科学施策造成矛盾积聚的现象。

2. 畅通民意表达渠道

当前，我国公民利益表达的渠道包括人民代表大会、人民政协、信访机构、工青妇等机关、群团组织，要发挥这些渠道作用，避免信访过度。还要拓展基层党组织协助党代表、人大代表、政协委员走访基层、服务群众的新路径。通过基层党组织协助党代表、人大代表、政协委员，形成合力，从而更大效能地发挥体制内力量。目前，在基层也有各种创新探索，如建设五星人大代表联络站，确定代表接待日，畅通民意反映渠道，为群众排难解纷。另外，领导干部要主动了解群众需求。习近平总书记强调："领导下访接待群众，是从源头做好信访工作的一项有力措施。我们要变群众上访为领导下访。干部多下访，群众少上访。"[②]《条例》第十八条第二款要求："各级机关、单

---

① 丁粮柯、孙培军：《如何深刻理解"改善人民生活品质，提高社会建设水平"》，《党课参考》2020年第23—24期。

② 《浙江省浦江县创新信访工作机制：干部多下访 群众少上访》，《人民日报》2017年8月2日。

问题三 如何认识新时代的信访问题及做好群众的信访工作？

021

位领导干部应当阅办群众来信和网上信访、定期接待群众来访、定期下访，包案化解群众反映强烈的突出问题。"要做好群众工作，不能被动地等群众来，更要"走下去"，深入群众，与群众打成一片，才能真正把握民情，了解民意。如征地拆迁、水库移民搬迁安置是信访案件多发领域，但在国家"十三五"重大水利工程之一的月潭水库项目建设中，安徽省黄山市休宁县历时 5 年实现了 3 个乡镇 7 个行政村 36 个村民小组 7000 多人的搬迁安置。当地党委政府坚持以人民为中心的发展思想，坚持党的群众工作路线，建立了市、县、乡三级责任体系，在移民搬迁安置、房屋腾退拆除等工作中，实施党员干部包保责任工作机制（对移民搬迁安置协议签订、房屋腾空拆除等方面的工作，采取一名县领导牵头、县直部门负责、月潭水库工作组配合的包保责任制），反复与涉迁户沟通，秉承"从群众中来，到群众中去"的工作方针，各级领导干部带头开展库区调研，走村入户，开展"夜访""遍访"活动，耐心倾听涉迁户的意见与建议，向涉迁户讲解搬迁安置政策。对涉迁户做到全面深入动员、逐一征求意见，注重从源头减少矛盾隐患发生，共收集各种意见、建议 200 余条。当地党委政府积极回应百姓心声，在"市长热线"等平台上收到的各类诉求 460 项，办理信访件 125 件，答复代表建议、委员提案 35 件。乡、村两级党员主动上门为涉迁户提供移民政策咨询、处理代办事项，共计提供各种服务 3500 余次，实现涉迁户办事不出村、问题不出村。对涉迁户财产补偿实行实物调查、实物复核、补偿清单"三榜公示"，做到"一碗水端平、一把尺子量到底、一个标准补偿到位"，成功实现"零强拆"。相关部门积极谋划做好搬迁后的移民房屋安置和生产就业工作，7000 多名涉迁群众搬迁腾退安置工作完成后，库区和谐稳定，移民群众生活水平不断提高。

（二）于内：改革完善信访制度

信访制度在全力破解社会突出问题、有效缓解社会矛盾方面取得了明显成效。同时，我国信访制度自身也在不断加强和完善。

1. 完善信访工作机制

《条例》主要完善了信访工作机制。一是完善信访终结机制。假若信访事项经过办理、复查和复核程序，信访人仍然不断缠访、闹访，经再次核查，信访人确属无理，根据《条例》第三十六条第三款规定，在信访工作程序上宣告终结。此后，对待同一事项不受理、不交办、不考核，并将有关信访人纳入教育疏导等后续工作范围，解决了信访"终而不结"的问题。二是完善责任追究机制。一方面，完善信访处理人责任追究制度，改革完善信访工作考核标准。在实践中，要改变只重信访数量、单纯以"非正常上访量"衡量和评价一个地区、部门或单位信访工作情况的片面考核方式，要设计以信访处理质量为主要依据的科学的信访工作评价机制。如涉法涉诉类信访从普通信访中分离，该类信访进入司法程序后，涉诉信访人的合理正当诉求是否得到回应，案件中的错误问题是否得到纠正等将纳入工作评价之中。信访工作考核评价要着重看群众正当的信访权利是否得到保障、实际困难能否得到解决、信访活动有无违规行为等。另一方面，完善信访人责任追究制度。任何权利都不能脱离法律的约束，信访权利也同样如此。要加大对群众的政策法规教育，帮助群众了解政策法律，教育引导群众正确行使公民权利和履行公民义务，改变"重访轻信""大闹大解决，小闹小解决，不闹不解决"等错误认识，以理性合法的形式表达利益诉求。《条例》第二十条、第二十六条、第四十七条规定了对信访人的责任追究，在保障信访人合法权益的前提下，对于批评教育无效并对社会造成严重危害的信访人，根据《条例》相关规定要有理有据地依法予以处置，构成犯罪的，要依法追究刑事责任。此外，《条例》第十五条还规定建立第三方机制，发挥第三方主体在信访工作中的积极作用，引导帮助确有需要的群体采取正确的信访方式。

2.提高信访工作队伍的工作能力

习近平总书记指出："要建设一支对党忠诚可靠、恪守为民之责、善做群众工作的高素质信访工作队伍。"[1]《条例》第八条、第十六条对信访干部队伍的建设作出了规定。要处理好信访问题，信访干部队伍的能力是关键。要正确理解和执行政策法律，在依法依规的基础上分类处理，以解决群众的实际困难为目的。如群众诉求符合情理但没有政策依据、历史遗留问题需要解决但责任单位不明、信访人确有生活困难等，这既是信访工作的新情况新挑战，也是对领导干部执政能力的考验。做好信访工作是重要的政治责任，提高领导干部做好信访工作的能力素质至关重要。要着力提高领导干部的政治能力、调查研究和科学决策能力、群众工作能力、防范化解社会矛盾风险能力，将信访工作做好、做实。

_____

① 《习近平对信访工作作出重要指示强调：千方百计为群众排忧解难　不断开创信访工作新局面》，《人民日报》2017年7月20日。

问题四

如何把握和处理信访工作的法治化与信访工作的群众属性之间的关系？

《条例》第四条规定了信访工作要"增强'四个意识'、坚定'四个自信'、做到'两个维护'，牢记为民解难、为党分忧的政治责任，坚守人民情怀，坚持底线思维、法治思维，维护群众合法权益，化解信访突出问题，促进社会和谐稳定"。《条例》第五条规定了坚持党的全面领导、坚持以人民为中心、坚持依法按政策解决问题等信访工作原则。信访工作的根本属性是党的群众工作，而实现信访工作法治化是做好这项工作的基本原则。

一、信访工作的法治化和群众属性是辩证统一关系

《条例》明确了信访工作的重要社会功能是构建党和

政府与人民群众直接沟通的渠道，通过信访渠道把群众分散的个体意志转化为公共意志，落实为党分忧的政治责任。政治责任一般是执政党党员实施的公职活动，形式上要符合法定程序要件，实质上要达成执政党的执政目标和社会治理目标，做好信访工作就是肩负起党的群众工作的政治责任。推进信访工作的法治化能保证党的群众工作的落实，信访工作体现了法治化和群众性的辩证统一。各级党政机关、人大、政协、监察机关、司法机关、群团组织等在处置信访事项时，必须要从政治担当看问题，不能简单就事论事，只有这样才能依法推进信访工作，依法做好党的群众工作。

二、必须统筹平衡好两种工作的要求和方法

新时代，党的群众工作要求坚持走访调研、示范引导、以情动人，真正化解矛盾、解决问题。法治化则要求领导干部要树立法治思维、提高依法办事能力，将信访纳入法治化轨道，依法维护群众权益、规范信访秩序。这两种方式并不矛盾，是信访工作多措并举、综合施策的具体路径，根本目的都是为人民服务。

早在 2014 年，习近平总书记在中央政法工作会议上

就强调："要把群众合理合法的利益诉求解决好，完善对维护群众切身利益具有重大作用的制度，强化法律在化解矛盾中的权威地位，使群众由衷感到权益受到了公平对待、利益得到了有效维护。"[①]法律作为人类社会的规则，代表着普遍认可的公平公正要求，法律程序能够最大限度地减少关系、人情等非理性因素的干扰，在解决矛盾纠纷中具有重要意义。2016 年，习近平总书记就信访工作进一步作出重要指示，要求综合运用法律、政策、经济、行政等手段和教育、调解、疏导等办法，把群众合理合法的利益诉求解决好。综合手段正是践行群众路线、做群众工作的方式方法，是解决人民内部矛盾的重要途径。2015 年，习近平总书记在中央政治局"三严三实"专题民主生活会上强调"道不虚谈，学求实效"，要求决策部署要充分熟悉情况、深入分析论证、科学把握尺度。要增强看问题的能力、谋事情的脑力、察民情的听力、走基层的脚力，把握事物内在联系，顺应事物发展趋势，把主观认识同客观实际结合起来，使思路、规划、方案符合客观规律、符合科学精神。[②]法治方式、法治思维绝不是僵化地使用法律

---

① 《习近平：要把群众合理合法的利益诉求解决好》，中新网，2022 年 5 月 9 日。

② 《习近平关于"不忘初心、牢记使命"论述摘编》，党建读物出版社、中央文献出版社 2019 年版，第 215 页。

条文、机械地运行法律程序，而是要求在法的框架和精神中全面把握真实情况、公正合理地解决问题。在现实生活中，由于客观情况的不断发展，有些问题仅依靠法律无法得到全面妥善的解决。因此，在全面依法治国的背景下，信访工作的意义突出体现在其能够补足法治路径在解决纠纷矛盾方面所存在的不足，以更加充分、更加多元的方式维护人民权益。

问题五

如何贯彻习近平法治思想，完善我国信访制度？

2020 年 11 月，中央全面依法治国工作会议召开，正式提出习近平法治思想，习近平法治思想是实现全面依法治国的基本遵循，也为完善信访制度提供了原则和方向。

一、坚持党的领导

习近平法治思想要求必须坚持党的领导，《条例》强调坚持和加强党对信访工作的全面领导，这是对习近平法治思想的落实。党是我们各项事业的领导核心，同党中央保持高度一致不仅是政治要求，而且是政治纪律。[①] 中央

---

① 《习近平关于"不忘初心、牢记使命"论述摘编》，党建读物出版社、中央文献出版社 2019 年版，第 96 页。

和国家机关首先是政治机关，必须旗帜鲜明讲政治，坚定不移加强党的全面领导。[①] 信访工作是党和国家机关承担的重要职责，坚持党的领导是信访工作的政治属性。《条例》明确规定，要坚持和加强党对信访工作的全面领导，构建党委统一领导、政府组织落实、信访工作联席会议协调、信访部门推动、各方齐抓共管的信访工作格局。《条例》突出了党对信访工作的全面领导，全面贯彻落实了习近平法治思想。

二、坚持以人民为中心

坚持以人民为中心是习近平法治思想的重要内容。《条例》第五条信访工作应当遵循的原则中的第二项规定"坚持以人民为中心"。信访是人民群众反映问题、表达意见、监督政府、寻求权利救济的重要途径，与人民利益、权益、愿望密切相关。2022年3月1日，习近平总书记在中央党校（国家行政学院）中青年干部培训班开班式上强调："信访是送上门来的群众工作，要通过信访渠道摸清群众愿望和诉求，找到工作差距和不足，举一反三，加

---

① 《习近平关于"不忘初心、牢记使命"论述摘编》，党建读物出版社、中央文献出版社2019年版，第122页。

以改进，更好为群众服务。"① 习近平总书记还指出："要从本地区本单位典型案例、重大事件、信访积案中查找问题……问题找到了，就要敢于动真碰硬，不回避、不掩饰，不等不靠，立行立改。"② 坚持以人民为中心，坚守人民立场，是信访工作人民性的鲜明体现。要把体现人民利益、反映人民愿望、维护人民权益、增进人民福祉落实到制度中，使信访制度和法律制度中规定的人民各项权利更好衔接，同时以信访制度弥补法律制度在具体实施中存在的不足，是坚持以人民为中心的具体表现。

三、坚持法治思维

习近平法治思想要求坚持在法治轨道上推进国家治理体系和治理能力现代化。法治化贯穿国家治理全领域。作为国家治理的重要组成部分，信访工作法治化是国家治理的题中应有之义。法治化的基本要求是行为模式和工作机制制度化。公权力应当依法行使，民众也应当依法行为。更高的要求是在法治的框架内运用多元化的方式合法、合

---

① 《筑牢理想信念根基树立践行正确政绩观　在新时代新征程上留下无悔的奋斗足迹》，《人民日报》2022 年 3 月 2 日。

② 《习近平关于"不忘初心、牢记使命"论述摘编》，党建读物出版社、中央文献出版社 2019 年版，第 131 页。

理地解决问题。因此，无论是人民群众的信访活动，还是党和政府的信访工作，遵循法治原则、坚守法治思维是基本要求，这也是完善信访制度的意义所在。坚持法治思维必须坚守公平正义的法治基本价值。习近平总书记指出："公平正义是我们党追求的一个非常崇高的价值，全心全意为人民服务的宗旨决定了我们必须追求公平正义，保护人民权益、伸张正义。"[①] 习近平总书记还强调，"必须牢牢把握社会公平正义这一法治价值追求，努力让人民群众在每一项法律制度、每一个执法决定、每一宗司法案件中都感受到公平正义"。[②] 具体到信访制度，无论是制度设计本身，还是制度的实践落实，必须贯彻体现社会主义公平正义要求，把群众合理合法的利益诉求解决好，使群众由衷感到权益受到了公平对待、利益得到了有效维护。

四、坚持系统思维

系统思维是习近平法治思想的鲜明特征。其突出特征是整体性、关联性、层次结构性。首先，信访工作是一项全局性、整体性的工作，涉及方方面面，需要党和政府团

---

① 中共中央文献研究室编：《习近平关于全面依法治国论述摘编》，中央文献出版社 2015 年版，第 38 页。

② 习近平：《加强党对全面依法治国的领导》，《求是》2019 年第 4 期。

结带领全体人民勠力同心、共同努力。信访制度既关注党和政府的工作体制机制建构，也关注个人的行为规范和权益保障；既有主要的制度设计、改革举措，也要求不断推进完善相关配套制度。这在《条例》以及相关制度政策中均有明确体现。其次，现实中的信访问题往往不是单一因素造成的，在解决问题中也需要各方配合协调、多种方法手段并用。2017年，习近平总书记就信访工作作出重要指示，指出要切实依法及时就地解决群众合理诉求，注重源头预防、夯实基层基础，加强法治建设，健全化解机制，不断增强工作的前瞻性、系统性、针对性。《条例》中也明确规定了要多措并举、综合施策。最后，信访制度既有顶层设计和总体目标，也有具体的任务分解，是全方位立体化分层次的有机体。在信访工作格局上，《条例》明确规定党委统一领导、政府组织落实、信访工作联席会议协调、信访部门推动、各方齐抓共管。对党中央、地方党委、各级政府、中央信访工作联席会议、地方各级信访工作联席会议、各级党委和政府信访部门、乡镇党委和政府、街道党工委和办事处以及村（社区）"两委"、各类群团组织等在信访工作中的职责和分工作出明确部署安排。

问题六

如何理解《信访工作条例》的推出及创新特点？

　　2005 年的《信访条例》和 2022 年的《信访工作条例》是在不同时期生效的关于信访工作的法律法规。《信访条例》是行政法规，适用范围仅限于各级政府，不能满足信访工作的实际需要。而 2022 年 2 月 25 日，中共中央、国务院共同发布的《信访工作条例》具有党内法规和行政法规的双重属性，适用于各级党政机关、人大、政协、监察机关、司法机关、国有企事业单位、群团组织等开展信访工作。《信访工作条例》在《信访条例》的基础上，发展完善了信访工作的机制体制，构建了信访工作新的工作格局。

一、制定《信访工作条例》

进入新时代以来，人民日益增长的美好生活需要和不平衡不充分的发展之间的矛盾成为中国社会的主要矛盾。信访工作面临着许多新情况新问题，必须主动适应形势的变化和任务的需要，全面加强党对信访工作的领导，全面提升信访工作的规范化、法治化、制度化水平。

在党中央的部署下，国家信访局党组深入学习贯彻习近平总书记关于加强和改进人民信访工作的重要思想，认真总结党的十八大以来推进网上信访、诉访分离、依法分类处理等信访工作制度改革成果，全面吸收融合2005年国务院发布实施的《信访条例》的内容，广泛征求吸纳各方意见，反复修改完善，形成《信访工作条例（送审稿）》并报请党中央审议。2022年1月24日，习近平总书记主持召开中央政治局会议，审议批准了《信访工作条例》。2月25日，中共中央、国务院发布《信访工作条例》，自2022年5月1日起正式实施。

《信访工作条例》分六章共五十条，围绕新时代信访工作的体制机制、职责任务、处理程序、监督体系进行顶层设计：一是明确新时代信访工作的总体要求，对《条例》的制定目的、适用范围，以及信访工作的地位作用、指导思想、主要原则等作出规定；二是确立党领导下的信访工作体制和工作格局，明确党委、政府、信访工作联席会议、信访部门以及各方力量在信访工作中的定位和职责；三是规定信访事项处理程序，明确各类信访事项提出、受理、办理的形式、渠道、程序和方式，体现了党政机关、人大、政协、监察机关、审判机关、检察机关等处理信访事项不同的程序要求；四是健全信访工作监督机制，对责任追究的情形和方式等作出明确规定。

二、《信访工作条例》的创新发展

《信访工作条例》以习近平新时代中国特色社会主义思想为指导，在总结党长期以来领导和开展信访工作经验的基础上，吸收融合了2005年版的《信访条例》的内容，坚持和加强党对信访工作的全面领导，理顺信访工作体制机制。与2005年的《信访条例》相比，《信访工作条例》呈现出以下几个方面的创新变化。

一是坚持和加强党对信访工作的全面领导。明确党中央对信访工作的集中统一领导，规定地方党委领导本地区信访工作，贯彻落实党中央决策部署，执行上级党组织部署要求，统筹信访工作责任体系构建，支持和督促下级党组织做好信访工作。

二是适用范围扩大。《信访工作条例》的适用范围不仅限于行政机关，还扩展到各级党的机关、人大、政协、监察机关、审判机关、检察机关，以及群团组织、国有企事业单位等所有开展信访工作的主体。同时，对各级党委如何领导信访工作，各级机关、单位如何开展信访工作、处理信访事项，信访人如何提出信访事项均作出明确规定。

三是提出信访工作应当遵循五项原则，分别是坚持党的全面领导、坚持以人民为中心、坚持落实信访工作责任、坚持依法按政策解决问题、坚持源头治理化解矛盾。

四是对党的十八大以来一系列信访制度改革成果进行系统整合，明确健全党领导信访工作的体制机制，构建党委统一领导、政府组织落实、信访工作联席会议协调、信访部门推动、各方齐抓共管的信访工作格局。特别规定，中央信访工作联席会议统筹协调、整体推进、督促落实全国信访工作，同时进一步规范地方信访工作联席会议的设置和运行。

五是丰富了信访事项的提出方式。信访人可以采用信息网络、书信、电话、传真、走访等形式，向各级机关、单位反映情况，提出建议、意见或者投诉请求。同时，对信访人提出信访事项作出具体要求，包括信访人一般应当采用书面形式提出信访事项，提出的信访事项应当客观真实；信访人采用走访形式提出信访事项的，应当到有权处理的本级或者上一级机关、单位设立或者指定的接待场所提出；信访人在信访过程中应当遵守相关法律、法规，自觉维护社会公共秩序和信访秩序等。

六是明确信访事项分类处理，涉法涉诉信访由政法机关依法处理。根据信访事项性质的不同，区分建议意见类、检举控告类、申诉求决类事项，分别明确了受理办理程序，进一步优化依法分类处理信访诉求，更好地维护群众合法权益。

七是构建信访工作监督体系。《信访工作条例》着力落实信访工作督查责任、信访工作考核责任，要求信访部门履行"提出改进工作、完善政策和追究责任"的职责。同时，对需要进行责任追究的情形和方式作出明确规定。

问题七

如何从经济学角度分析信访成本？

"成本"作为名词，是指产品在生产和流通过程中所需的全部费用。[①] 从经济学角度分析，成本一般由生产成本、显性成本、隐性成本和机会成本组成。生产成本是生产单位为生产产品或提供劳务而产生的各项生产费用，包括各项直接支出和制造费用。直接支出包括直接材料（原材料、设备等）、直接工资（生产人员的工资、补贴）和其他直接支出（如福利费）；制造费用是指企业内的分厂、车间为组织和管理生产所产生的各项费用。显性成本是指厂商在生产要素市场上购买或租用所需要的生产要素的实际支出，即企业支付给企业以外的经济资源所有者的货币额。如支付的生产费用、工资费用、市场营销费用等，是

---

① 中国社会科学院语言研究所词典编辑室编：《现代汉语词典》，商务印书馆 2017 年版，第 165 页。

有形的成本。隐性成本是厂商本身所拥有的且被用于企业生产过程的那些生产要素的总价格。它是一种隐藏于企业总成本之中、游离于财务审计监督之外的成本。是由于企业或员工的行为而有意或者无意造成的具有一定隐蔽性的将来成本和转移成本，是成本的将来时态和转嫁的成本形态的总和，如管理层决策失误带来的巨额成本增加、领导的权威失灵造成的上下不一致、信息和指令失真、效率低下等。机会成本是指企业为从事某项经营活动而放弃另一项经营活动的机会，或利用一定资源获得某种收入时所放弃的另一种收入。另一项经营活动应取得的收益或另一种收入即为正在从事的经营活动的机会成本。通过对机会成本的分析，要求企业在经营中正确选择经营项目，其依据是实际收益必须大于机会成本，从而使有限的资源得到最佳配置。从经济学的成本看信访成本，经济学的生产成本相当于信访的经济成本，是信访人实施信访行为产生的直接钱物支出，能够计算支出总额，也属于经济学的显性成本。经济学的隐性成本在信访中，一般是信访人的信访行为对国家政治、社会生活产生的正负影响，相当于信访的政治成本和社会成本；机会成本也可以看成信访人因信访丧失各种自我发展机会，及对社会作贡献的机会，也可以看成信访的社会成本。

一、信访工作的生产成本即经济成本

信访工作的经济成本即经济学的生产成本，从信访人开始信访，就进入了"生产"阶段，产生成本支出，表现为信访人和信访受理机构直接的经济支出：一是信访人支出的交通费、印刷费、邮寄费、误工费、住宿费及各种杂费等；二是信访受理主体维持信访工作运行承担的各项支出，包括人工成本、办公设施成本等。信访工作在正常状态下运行，经济成本是可控的，经济成本能够在财政预算之内，这时的经济成本呈现的是制度均衡状态下的合理支出。如果信访人打破正常信访秩序进行非法信访，出现信访工作秩序失衡时，信访部门的运行成本将突破常规的公共财政的预算，即生产成本增长，信访人和信访受理主体的生产成本就会增加。《条例》中规定了信访支出纳入财政预算，这是最直接的生产成本，即经济成本，也是显性成本。

在信访法律关系中，对信访人和信访受理主体双方而言，超越正常程序的信访，就会存在成本不断攀升的问题，所不同的是，信访人受损的是个人财产，而信访受理主体支出的是公共财政，对社会而言，是社会整体财富的损耗。所以，各级政府应切实关注民生，采取科学理性的治理措施，避免简单的"堵""压"手段，从本源上化解矛盾，是降低信访成本，增加社会财富，提高政府运转效率的重要措施之一。

二、信访工作的隐性成本即政治成本

信访工作运行中出现《条例》规定的信访受理主体不依法积极履行职责，有关机构、人员引发信访事件发生、信访人非法信访等，都会导致政治、经济、社会成本的攀升，其中损害信访制度的行为是对国家整体制度设计提出的挑战，在政权制度层面对国家民主政治生活产生影响，反映信访工作运行中的政治成本问题。当信访工作的运行达到执政党的政治目标时，信访在民主政治层面表现为良性治理效果，政治成本最小。当信访法律关系三要素中的信访人、信访事项和信访受理主体任一要素超出法律规定范围，就会偏离制度的轨道，产生政党执政中的政治成本增加问题。信访工作作为国家治理的措施和党的群众工作，对执政党和社会治理而言，信访工作良性开展时，执政党的政治威权和社会治理呈现良性状态，隐性成本即政治成本低，反之亦然。从经济学角度分析信访成本，仅计算可以量化的生产等表象的生产成本、显性成本，而不计算表象背后的隐性成本和机会成本，就没有看到信访工作蕴含的政治成本和社会成本，就有可能"丢了西瓜捡了芝麻"。信访工作不能只看经济成本，还必须看政治成本和社会成本。

三、信访工作的机会成本即社会成本

对于信访人来说，机会成本可以理解为信访期间不从事工作、劳动生产和其他事情，从而失去各种可能的自我发展机会。信访人用于信访的金钱、时间、精力等原本可以用来工作、学习、锻炼、自我提升等，并产生经济价值和人身精神价值。由于信访中可能失去工作上晋级提职机会，以及人生价值提升、未来财富增加和身体健康增强等机会，将导致人生整体成本加大。

从国家治理角度看，如果公民信访诉求或信访矛盾不及时解决，会加大深层次的社会成本支出，包括国家基本权利体系构建、社会价值观体系构建、政府公共治理制度构建等多方面的成本。在正常的信访工作机制中，公民合法的信访权利若得不到及时救济，就意味着信访请求权后面的其他权利的救济程序不能启动，这时付出的社会成本使公民的整体基本权利不能得到保障，而后期完善和修复公民基本权利体系的成本是多元化的和深层次的，这个代价是极为高昂的，如"文化大革命"时期公民基本权利无保障，国家对此付出了沉重的代价，这是任何一个民主法治国家不愿意看到的。只有在公民权利受到侵害后能够得到救济，才谈得上享有权利，才能体现国家基本权利体系的良好运行状态。

信访工作作为党的群众工作的重要组成部分，是国家核心政治制度的补充，但它承载的公民权利救济功能和社会治理功能，又超越了一般的机动制度的功能，特别是《条例》确立的公民信访诉求的兜底定位，在中国现实体制下是其他制度难以比拟和替代的，这项制度的良好运行，会降低隐性成本和机会成本，即降低政治成本和社会成本。

问题八

在习近平法治思想指引下，如何处理好依法行政和信访工作的关系？

信访工作是全面推进依法治国的重要方面，依法行政也是依法治国基本方略的重要内容。党的十八大以来，以习近平同志为核心的党中央对全面依法治国高度重视，把全面依法治国放在党和国家事业发展全局中来谋划、来推进。习近平法治思想的重要内容，为依法行政和做好信访工作提供了根本遵循和行动指南。

一、坚持党的全面领导

坚持党的全面领导，是依法行政的基本原则，也是做好信访工作的根本保证。习近平总书记强调："党的领导是我国社会主义法治之魂，是我国法治同西方资本主义国家法治最大的区别。"①习近平法治思想"十一个坚持"中，居于首位的即是坚持党对全面依法治国的领导。信访工作是党的群众工作的重要组成部分，也是中国特色社会主义民主与法治建设的重要组成部分，必须坚持把党的领导贯彻到信访工作各方面和全过程，确保信访工作始终沿着正确的政治方向坚定前行。《条例》第七条规定了坚持和加强党对信访工作的全面领导，第八条规定了党中央加强对信访工作的统一领导，是贯彻落实习近平法治思想的具体体现。

（一）从政治原则看

信访工作首先是"政治工作"，必须旗帜鲜明。信访工作作为具有中国本土特色的政治工作，是在党的直接领导下开展起来的，是中国特色的制度设计。习近平总书记在论述政治与法治关系时精辟指出："每一种法治形态背后都有一套政治理论，每一种法治模式当中都有一种政治逻辑，每一条法治道路底下都有一种政治立场。"②中国共产党的领导是中国特色社会主义最本质的特征，是中国法

① 习近平：《坚定不移走中国特色社会主义法治道路　为全面建设社会主义现代化国家提供有力法治保障》，《求是》2021 年第 5 期。

② 中共中央文献研究室编：《习近平关于全面依法治国论述摘编》，中央文献出版社 2015 年版，第 34 页。

治建设必须遵循的根本政治逻辑。信访部门作为党委政府开展工作的专门机构，执行的是政治任务，履行的是政治责任，必须把旗帜鲜明讲政治作为根本要求摆在首位。

（二）从法治实践看

党的领导的政治优势保证信访工作的效果，也是依法行政必须坚持的。现代社会中，公共行政系统与社会、公民具有最直接、最经常、最广泛、最具体的关系，行政权所能管辖的几乎涉及公民一生的所有事务。而且，作为一种公权力，行政权本身也具有扩张性、侵犯性、渗透性，如果没有法律规范的限制，就很有可能出现滥用权力，进而损害广大人民群众合法权益，产生社会矛盾。习近平总书记指出："依法治国、依法执政、依法行政是一个有机整体，关键在于党要坚持依法执政、各级政府要坚持依法行政。"[①]信访工作的主体既涉及党委和政府及其工作部门，又涉及人大、政协、法院、检察院等机关单位和工会、共青团、妇联等群团组织，还涉及国有企事业单位等，人民群众的信访诉求也涵盖了经济建设、政治建设、文化建设、社会建设、生态文明建设和党的建设各个领域，这就需要党

---

① 习近平：《坚定不移走中国特色社会主义法治道路 为全面建设社会主义现代化国家提供有力法治保障》，《求是》2021年第5期。

根据形势和任务，对信访工作作出总体部署。只有充分发挥党总揽全局、协调各方的领导核心作用，信访工作才能沿着正确方向推进。把握依法行政与信访工作的关系，要自觉把讲政治和讲法律有机统一起来，善于从政治上认识问题、推动工作。

二、坚持以人民为中心

坚持以人民为中心，是习近平法治思想的根本立场，也是信访工作的根本要求。走中国特色社会主义法治道路，必须坚持以人民为中心，这是我国法治区别于西方资本主义法治的根本所在。信访工作是党和政府了解民情、集中民智、维护民利、凝聚民心的一项重要工作，必须坚持以人民为中心的原则，尊重人民群众的主体地位，把党的群众路线贯彻到工作的各方面和全过程，不断增强人民群众的获得感和幸福感。

（一）坚持以人民为中心，是马克思主义群众观的内在要求

马克思主义认为，人民群众是历史的创造者，是推动社会发展的根本力量。其中，最紧要的因素是大多数

人的利益。人民立场是中国共产党的根本政治立场，也是马克思主义政党区别于其他政党的显著标志。习近平总书记指出："我们国家的名称，我们各级国家机关的名称，都冠以'人民'的称号，这是我们对中国社会主义政权的基本定位。"① 始终代表最广大人民根本利益，保证人民当家作主，体现人民共同意志，维护人民合法权益，是我国国家制度和国家治理体系的本质属性，也是我国国家制度和国家治理体系有效运行、充满活力的根本所在。

（二）坚持以人民为中心，诠释了中国共产党人的根本政治立场和核心价值取向

中国共产党自成立之日起，就致力于人民当家作主，始终重视与人民群众保持血肉联系。无论是在革命战争年代还是在社会主义建设时期，我们党所进行的一切奋斗，归根结底都是为了最广大人民群众的根本利益。从实践来看，信访工作从一开始就融入党的初心使命，自觉践行党的群众路线，坚持人民的主体价值和中心地位。习近平总书记指出："坚持人民主体地位，必须坚持法治为了人民、

---

① 习近平：《在庆祝全国人民代表大会成立六十周年大会上的讲话》，人民出版社 2014 年版，第 12 页。

依靠人民、造福人民、保护人民。"① 新时代背景下，信访工作要积极回应人民群众新要求新期待，系统研究谋划和解决法治领域人民群众反映强烈的突出问题，把体现人民利益、反映人民愿望、维护人民权益、增进人民福祉落实到信访工作全过程，把群众团结在党的周围，巩固党执政的群众基础。

三、坚持落实信访工作责任

坚持落实信访工作责任，是信访制度有效运行的保障。职责法定、权责一致是现代行政法的基本原则。在信访工作领域落实信访工作责任，就是要严格依照法律规定履行信访工作职责，坚持"党政同责、一岗双责，属地管理、分级负责，谁主管、谁负责"。

（一）完善信访监督追责机制

《条例》明确了各级党委和政府、信访工作联席会议及其办公室、政府信访部门、政府督查部门在信访督查中的职责任务，规定了有关机关、单位及其领导干部、工作

---

① 习近平：《论坚持人民当家作主》，中央文献出版社 2021 年版，第 112 页。

人员可能引发问题责任、登记转送交办责任、受理问题责任、处理问题责任以及其他责任，为构建守责尽责、失责追责的信访工作责任落实机制提供了制度保障。

（二）各级党委和政府要扛牢主体责任

坚持把信访工作摆在全局的重要位置，严格履行信访工作主体职责。各级党委和政府要强化责任意识，自觉依法行政，主动接受督查，形成以督查促整改、以整改促提升的工作机制，确保信访工作责任真正落到实处，推动形成党委统一领导、政府组织落实、信访工作联席会议协调、信访部门推动、各方齐抓共管的信访工作格局。

四、坚持依法按政策解决问题

坚持依法按政策解决问题，就是将信访纳入法治化轨道，依法维护群众权益、规范信访秩序。这是全面依法治国在信访工作中的具体落实和体现，是推进国家治理体系和治理能力现代化的题中应有之义。信访工作只有始终运行在法治轨道上、法制框架内，才能更加有效地维护群众合法权益。

（一）坚持依法治理

法律具有强制性、确定性、普遍性等特点，能够有效地确定法律关系双方的权利义务，对人们的行为有着指引、评价、预测等功能。如果违背法治的基本要求，漠视法律规则的适用，可能会产生"大闹大解决、小闹小解决、不闹不解决"的不良现象，这不仅不利于问题的解决，反而会激化矛盾甚至引发新的矛盾。解决信访诉求、维护群众合法权益，既要做到公平、公正地处理问题，也要做到同样问题同样对待，这离不开法治思维和法治方式的运用。《条例》规定，有权处理的机关、单位出具的信访处理意见书，应当载明信访人投诉请求、事实和理由、处理意见及其法律法规依据。对于事实清楚，符合法律、法规、规章或者其他有关规定的请求，予以支持；对于事由合理但缺乏法律依据的请求，要作出解释说明；对于缺乏事实根据或者不符合法律、法规、规章或者其他有关规定的请求，不予支持。

（二）依法维护人民群众合法权益

把信访纳入法治化轨道，要依法保障信访人进行信访活动的权利，也要依法追究以信访为名滋事扰序、侵犯他人合法权益的行为。只有在法治轨道上运用法治方式解决问题，才能充分发挥信访工作的作用，维护群众合法权益。

五、坚持源头治理化解矛盾

坚持源头治理化解矛盾，就是注重源头预防和前端化解，尽可能把引发信访问题的矛盾纠纷化解在基层、化解在萌芽状态。这是改进社会治理的方向和路径，更是解决信访问题、预防化解矛盾的重要原则和方法。

（一）抓住信访矛盾纠纷的主要成因

随着中国特色社会主义进入新时代，我国社会主要矛盾已转化为人民日益增长的美好生活需要和不平衡不充分的发展之间的矛盾，信访诉求呈现出新旧矛盾相互交织、内外因素相互影响、网上网下相互传导等新特点。在新一轮科技革命和产业变革的背景下，信访诉求的多样性、多发性、复杂性、关联性也进一步增强，对社会治理带来更大的挑战。信访工作肩负着"服务党和国家工作大局，维护群众合法权益，化解信访突出问题，促进社会和谐稳定"的职责使命，因此，在工作中，要采取综合措施，标本兼治。

（二）加强源头预防，及时回应群众诉求

在政策制定、决策出台的过程中广泛听取民意，坚持依法决策、依法行政、依法办事，有效减少信访问题的发生，加强源头预防。同时，要及时回应群众诉求，疏导化解矛盾诱因，最大限度地预防和减少社会矛盾的出现，不断提高信访工作的质量和效率。近年来，江西省检察系统探索建立"案—访比"办案质效分析管理制度，把"案—访比"纳入市县级检察院考核，尽量在源头化解涉法涉诉信访案件。截至2022年6月，江西省检察系统总体"案—访比"由2021年的2.14%，下降到2022年1—6月的1.13%，刑事"案访比"下降幅度为56.2%。2022年1—6月，信访总量（含重复访）同比下降32%，重复访同比下降40%。市县两级检察院首次申诉信访案件实质性化解率96%。[①]诉访分离后，要准确把握社会矛盾的新情况新动向，增强工作的前瞻性、系统性、针对性，及时从群众的信访诉求中发现社会治理中存在的问题，有针对性地提出改进工作、完善政策的建议，服务改革，稳定大局。

---

① 数据来源：2022年7月江西省人民检察院的调研。

问题九

如何统一协调党委、政府、各部门 形成齐抓共管的信访工作格局?

《条例》构建了党全面领导,党委统一领导,政府组织落实,信访工作联席会议协调,信访部门推动,各职能部门共同参与,分工明确、责权清晰的信访工作格局。根据《条例》,党委政府各自落实信访工作责任,共同管好党的信访工作。

一、坚持党的全面领导是信访工作的首要原则

从信访工作原则看,《条例》确立了坚持党的全面领导是信访工作的首要原则。《条例》第五条规定,信访工作要"坚持党的全面领导。把党的领导贯彻到信访工作各方面和全过程,确保正确政治方向"。《条例》的多项条款

从不同角度突出了党对信访工作的领导职责，强调了信访工作在国家整体治理体系中的重要地位。

二、构建党委领导、政府落实的信访工作体制

从信访工作体制看，《条例》构建了党委领导、政府落实的"齐抓共管"的信访工作体制，《条例》第七条规定："坚持和加强党对信访工作的全面领导，构建党委统一领导、政府组织落实、信访工作联席会议协调、信访部门推动、各方齐抓共管的信访工作格局。"《条例》明确了信访工作体制，明确了谁来领导、谁来落实、谁来协调、谁来推动等主体资格问题，进一步从顶层设计上理顺了信访工作体制。因此，在信访工作中，党委是领导主体，政府是落实主体，两者之间"齐抓共管"形成合力。

三、明确党委和政府等职能部门的相应权责

从信访工作职责划分看，《条例》明确了党委和政府等职能部门的相应权责。

（一）党委管领导

1.中央层级，党中央统一领导

在中央层级，党中央具体通过政治引领、决策部署、组织建设三个方面的举措加强对信访工作的统一领导，具体而言：一是强化政治引领，确立信访工作的政治方向和政治原则，严明政治纪律和政治规矩。二是制定信访工作方针政策，研究部署信访工作中事关党和国家工作大局、社会和谐稳定、群众权益保障的重大改革措施。三是领导建设一支对党忠诚可靠、恪守为民之责、善做群众工作的高素质专业化信访工作队伍，为信访工作提供组织保证。

2.地方层级，地方党委负责领导本地区信访工作

地方党委肩负的职责主要有以下两个方面：一是贯彻落实党中央关于信访工作的方针政策和决策部署，执行上级党组织关于信访工作的部署要求，统筹信访工作责任体系构建，支持和督促下级党组织做好信访工作。二是地方党委常委会应当定期听取信访工作汇报，分析形势，部署任务，研究重大事项，解决突出问题。

（二）政府管落实

根据《条例》第二章"信访工作体制"的相关规定，管好党的信访工作，政府的职责主要包括以下两个方面：

一是在党委统一领导下，组织落实信访工作。二是贯彻落实上级党委和政府以及本级党委关于信访工作的部署要求，组织各方力量排查化解矛盾纠纷，及时妥善处理信访事项，研究解决政策性、群体性信访突出问题和疑难复杂信访问题。

（三）信访工作联席会议管协调

信访工作联席会议在党和政府领导下，负责协调职权范围内的信访工作。

1. 在中央层级

中央信访工作联席会议在党中央、国务院领导下，负责全国信访工作的统筹协调、整体推进、督促落实，主要职责包括：一是研究分析全国信访形势，为中央决策提供参考。二是督促落实党中央关于信访工作的方针政策和决策部署。三是研究信访制度改革和信访法治化建设重大问题和事项。四是研究部署重点工作任务，协调指导解决具有普遍性的信访突出问题。五是领导组织信访工作责任制落实、督导考核等工作。六是指导地方各级信访工作联席会议工作。七是承担党中央、国务院交办的其他事项。

中央信访工作联席会议由党中央、国务院领导同志以及有关部门负责同志担任召集人，各成员单位负责同志参加。中央信访工作联席会议办公室设在国家信访局，承担联席会议的日常工作，督促检查联席会议议定事项的落实。

中央信访工作联席会议根据工作需要召开全体会议或者工作会议。研究涉及信访工作改革发展的重大问题和重要信访事项的处理意见，应当及时向党中央、国务院请示报告。

中央信访工作联席会议的成员单位应当落实联席会议确定的工作任务和议定事项，及时报送落实情况，及时将本领域重大敏感信访问题提请联席会议研究。

2. 在地方层级

地方各级信访工作联席会议在本级党委和政府领导下，负责本地区信访工作的统筹协调、整体推进、督促落实，协调处理发生在本地区的重要信访问题，指导下级信访工作联席会议工作。联席会议召集人一般由党委和政府负责同志担任。

地方党委和政府应当根据信访工作形势任务，及时调整成员单位，健全规章制度，建立健全信访信息分析研判、重大信访问题协调处理、联合督查等工作机制，提升联席会议工作的科学化、制度化、规范化水平。

根据工作需要，乡镇党委和政府、街道党工委和办事处可以建立信访工作联席会议机制，或者明确党政联席会定期研究本地区信访工作，协调处理发生在本地区的重要信访问题。

（四）信访部门是专门机构

各级党委和政府信访部门是开展信访工作的专门机构，主要职责包括：一是受理、转送、交办信访事项。二是协调解决重要信访问题。三是督促检查重要信访事项的处理和落实。四是综合反映信访信息，分析研判信访形势，为党委和政府提供决策参考。五是指导本级其他机关、单位和下级的信访工作。六是提出改进工作、完善政策和追究责任的建议。七是承担本级党委和政府交办的其他事项。

各级党委和政府信访部门以外的其他机关、单位应当根据信访工作形势任务，明确负责信访工作的机构或者人员，参照党委和政府信访部门职责，明确相应的职责。

（五）强化信访配套支撑

在明确分工和职责的前提下，各级党委和政府应当加强信访部门建设，选优配强领导班子，配备与形势任务相适应的工作力量，建立健全信访督查专员制度，打造高素质专业化信访干部队伍。各级党委和政府信访部门主要负责同志应当由本级党委或者政府副秘书长（办公厅［室］副主任）兼任。

各级党校（行政学院）应当将信访工作作为党性教育内容纳入教学培训，加强干部教育培训。

各级机关、单位应当建立健全年轻干部和新录用干部到信访工作岗位锻炼制度。

各级党委和政府应当为信访工作提供必要的支持和保障，所需经费列入本级预算。

市、县级党委和政府应当建立和完善联合接访工作机制，根据工作需要组织有关机关、单位联合接待，一站式解决信访问题。

问题十

如何实现信访案件的系统治理、依法治理?

解决信访案件的系统治理和依法治理,需要从信访工作的本质属性和信访制度的构建目标分析,信访工作是党的群众工作的重要组成部分,涉及社会生活的各个方面,决定了信访工作的政治性和法治化的辩证统一。《条例》建立了党全面领导、党委统一领导、政府组织落实,各级党和国家机关、国有企事业单位、群团组织等社会各方力量共同参与的信访工作治理机制,完善了信访人权益保障制度、信访义务主体责任追究监督制度、领导干部下访接访制度、信访干部培训制度等,形成了党法国法共同构建的信访工作系统治理、依法治理机制,保障信访案件的系统治理和依法治理。

一、建立信访工作政治性和法治化相统一的系统治理机制

信访工作是党的群众工作，这决定了信访工作的政治责任和法治化辩证统一关系。对信访案件的处置不能只讲法治不讲政治，也不能唯政治而不讲法治。在《条例》颁布前，有的地方党委和政府工作人员在处置信访案件时，机械理解信访工作法治化。2014年信访制度改革后，涉法涉诉访与行政访分离，让很多党员干部产生了一种片面认识，认为信访制度应该像复议、诉讼一样，完全、严格地依照法律规定和法律程序开展工作，对不合法的诉求（不管合理不合理）不予支持，对走完初审、复查、复核三级信访程序的信访案件，不管实质问题有没有化解、不管信访人的思想疙瘩有没有解开，一律不再受理。例如，一起农村电工要求县供电局确认劳动关系、补交社保和领取退休工资的信访案件，时间跨度二三十年。如果作为劳动关系纠纷走劳动仲裁或者司法诉讼，超过了仲裁诉讼时限，仲裁部门和法院都不立案，启动不了法律救济程序，法治路径走不通。信访部门如果坚持本案是劳动关系纠纷，不属于信访管辖范畴，县人社局的信访机构不受理，就会导致信访人告状无门。对于这样的信访案件，不能用法治化

对抗人民群众的合理诉求，要讲政治，要把握信访工作的本质属性，切实为民解难。让信访制度回归政治功能的本质，是落实党的群众路线和巩固党的执政根基的大问题。对此，《条例》从多维角度构建了信访工作政治性和法治化相统一的系统治理机制。

（一）建立党对信访工作的全面领导机制

信访工作是送上门的群众工作，事关党的群众基础的根本问题。从革命战争时期到今天，党一直高度重视信访工作，并通过不同形式加强党对信访工作的领导，但缺少党对信访工作的依法全面系统领导机制，这次《条例》就解决了这个大问题，专章规定了党全面领导信访工作的系统治理机制，完善了党全面领导信访工作的机制体制。《条例》以职责为标准规定党中央统一领导全国信访工作，地方党委领导本地区信访工作，各级政府组织落实、信访工作联席会议协调、信访部门推动、各方齐抓共管信访工作的系统治理机制。并依法明确了党中央和地方党委及政府、联席会议、信访部门的工作职责，形成了党政分工明确，协调部门配合，具体部门落实的工作格局。《条例》适用于各级党政机关、人大、政协、监察机关、审判机关、检察机关以及群团组织、国有企事业单位等开展信访工作。依法建立了党全面领导信访工作的治理机制，有利于系统治理一些跨部门的、长期难以解决的信访案件。如江西省人民检察院处置的申诉人徐某不服法院已生效的危险驾驶罪的判决，向检察机关申诉。检察机关在办理该申诉案件时，发现徐某系乡政府聘用人员，且该乡醉驾类危险驾驶案件频发，其中50%的涉案人员系行政事业单位工作人员，鉴于当地政府在法制宣传、安全教育、监督管理方面存在漏洞，检察机关向当地政府发出综合治理检察建议，建议加大普法力度、完善安全责任制、加强监督管理，遏制酒驾醉驾案件的发生。当地政府收到检察建议后，通过组织学习、开展道路安全知识讲座、签订承诺书等多项措施，切实强化道路安全意识，有效防范遏制了酒驾醉驾案件的发生，全面系统依法从源头预防，推进了信访案件的治理。

（二）建立社会力量参与信访工作的多元矛盾纠纷化解机制

信访工作中长期存在"闹访、缠访、越级访"等各种非法访现象，给正常的信访工作带来了严重困扰。一些信访案件，三级信访程序已经走完，信访事项处置合理合法，但信访人就是不接受处置结果，长期非法访。对这类信访案件，党委和政府应当引入多元社会力量，包括律师、社会工作者、党代表、人大代表、政协委员和德高望重的公众人士等，合力打开信访人心结，从源头消除矛盾纠纷，推动长期得不到解决的信访事项的顺利化解。引入社会力量，还应包括群团组织、社区组织和社会工作者等。群团组织是党开展群众工作的重要组织载体，社区组织、民间调解机构等是群众自我管理、自我化解矛盾纠纷的重要载体。通过他们向人民群众宣讲、解释党的方针政策，开展法治宣传教育，能更快更好解答人民群众提出的问题，推动矛盾纠纷解决，有利于提升基层社会治理法治化水平。引入多方社会力量参与信访工作，能够建立多渠道化解信访矛盾纠纷的多元机制，高质量化解矛盾冲突，保障社会和谐稳定。

（三）建立乡镇街道和村（社区）"两委"参与信访工作的治理机制

群众提出的信访事项一般是发生在群众身边的事情，信访人多是第一时间向信访事项发生地的基层部门反映问题，寻求解决。乡镇、街道、办事处、村（社区）"两委"作为国家治理体系中直接和群众发生联系的治理机构，在日常工作中，其信访工作的开展成效，很大程度影响着基层治理格局的构建。《条例》要求乡镇党委和政府、街道党工委和办事处以及村（社区）"两委"从贴近群众的角度发挥职能作用，坚持和发展新时代"枫桥经验"，积极协调处理信访事项和矛盾纠纷，努力做到小事不出村、大事不出镇、矛盾不上交、问题不过夜，第一时间化解矛盾纠纷，避免小纠纷发展成大问题。从群众身边的"小事"落实以人民为中心的信访工作原则，夯实党的群众基础，落实信访工作为党分忧、为民解难的政治责任。

（四）依法建立领导干部下访、接访工作机制

《条例》要求领导干部要主动阅办群众来信和网上信访、定期接待群众来访、定期下访，包案化解群众反映强烈的突出问题。首先，在形式上，领导干部"接访""下访"是推进党的群众工作最直接有效的方法，缩短了党和政府与人民群众及一线基层公职人员的距离，使上级党政领导能够掌握真实的社情民意和基层治理的客观状况，为科学决策提供实践支撑，更好践行为人民谋利益的初心使命。其次，领导干部"下访""接访"能够推动信访事项较快处置，降低社会治理成本，特别是对于涉及人数多的信访如征地拆迁、拖欠工资等，需要国土、城建、民政、社保、劳动监察、公安等多部门开展联合执法。如果

仅靠信访机构转办和督办，相关多个职能部门难以步调一致，将拖延信访事项的处置。对此，《条例》要求市、县级党委和政府应当建立和完善联合接访工作机制，根据工作需要组织有关机关、单位联合接待，一站式解决信访问题。领导干部"下访""接防"是现场办公，可以把多个相关部门聚集在一起，统筹协调，快速形成综合处理方案，整体推进、督促落实。特别是对人民群众反映强烈的信访事项，能及时消除化解信访人的不满和怨气，实现源头预防和前端化解矛盾，营造良好干群党群关系，降低社会治理成本，筑牢党执政的群众基础。最后，领导干部"下访""接访"加强了上下级公职人员之间的沟通，保证了上级党政领导掌握下级机关、单位在社会治理方面的真实状况，有助于上级部门分析研判治理形势，进行科学决策，实现预期治理目标。

（五）完善信访工作队伍的组织教育培训机制

在信访案件的处置中，由于信访干部自身能力问题，影响信访案件的处置。有些一线信访工作人员由于文化素质较低、工作能力较弱等，对法律法规政策的掌握和认知有限，导致一些地区信访工作的公共治理目标长期不能实现。加大基层信访干部的培养，尤其是加强基层一线工作人员法律素养和综合素质的培养，提高其对于法律法规政策的认知理解能力和执行运用水平，是做好信访工作的前提。

《条例》从三个方面强调了信访干部队伍的组织建设：一是从党对信访工作的统一领导方面，强调要领导建设一支对党忠诚可靠、恪守为民之责、善做群众工作的高素质专业化信访工作队伍，为信访工作提供组织保证。二是从信访队伍的组织建设方面，强调各级党委和政府应当加强信访部门建设，选优配强领导班子，配备与形势任务相适应的工作力量，建立健全信访督查专员制度，打造高素质专业化信访干部队伍。各级党委和政府信访部门主要负责同志应当由本级党委或者政府副秘书长（办公厅［室］副主任）兼任。三是从信访干部队伍的教育培训方面，强调各级党校（行政学院）应当将信访工作作为党性教育内容纳入教学培训，对信访干部的教育培训是扎扎实实开展党性教育的重要内容。

二、依法完善信访工作制度的构建

信访工作制度作为我国民主政治制度的重要表现形式，作为公民表达利益诉求和解决利益矛盾纠纷的重要机制，肩负多项政治功能。保障信访工作的良性运行是实现信访制度政治功能的基础。《条例》从多方面完善了信访工作制度。

（一）完善信访鼓励制度

我国宪法第二条规定了国家的一切权力属于人民，人民依照法律规定，可以通过各种途径和形式，管理国家事务和管理社会事务。人民是公民的集合，信访制度给人民提供了一个触手可及又富有弹性的通道，保证每个公民、每个群体、每个阶层都可以向各级党委和政府直至最高层表达意愿，保障了公民参与国家治理的广泛性、直接性和规范性、法治化。《条例》要求公民依法行使信访权，并鼓励公民行使信访权，参与国家治理，主要从三个方面完善了公民信访鼓励制度。一是完善了回复公民信访事项的制度。公民积极参与国家发展和治理，建言献策，有关部门对公民有价值的信访事项，要及时回复，从而激发公民作为国家主人的责任感和荣誉感，推进国家治理体系和治理能力现代化。二是建立了信访人奖励制度。在鼓励公民参与国家治理、建言献策的同时，对公民提出的有重大价值的信访事项应给予奖励。特别是对国民经济和社会发展或者对改进工作及保护社会公共利益有贡献的，应当按照有关规定给予奖励。三是建立人民建议征集制度。党和政府鼓励人民通过信访参与国家治理，建立人民建议征集制度，政府主动向人民征集意见、建议，便于落实人民主权和人民民主权利。

（二）完善保护信访人制度

《条例》强调对信访人提出的检举控告类事项，纪检监察机关或者有权处理的机关、单位应当依规依纪依法接收、受理、办理和反馈，并不得将信访人的检举、揭发材料以及有关情况透露给或者转给被检举、揭发的人员或者单位。任何组织和个人不得打击报复信访人。《条例》完善了对信访举报人的保护制度，依法避免信访举报信被转至被举报人手中而造成信访人对党和政府信任度的减弱。

三、完善信访主体的权利义务机制

依法明确信访法律关系中各方主体之间的权利、义务，是推进信访工作的重要保障。《条例》对信访人、信访机构、信访工作人员和相关信访部门的权利义务、权力责任进行了细化规定，保证了实施中的可操作性。

（一）完善信访人权利义务机制

信访人是信访法律关系的启动主体，保障信访人权利的实现，是落实人民主权原则、维护信访工作秩序、提高国家治理能力、降低治理成本的关键环节。

1. 扩大了信访人权利实现范围

信访人的权利一般也称信访权或信访权利，即公民进行信访活动的权利，《条例》对公民行使信访权的形式根据科技的发展增加了网络信息，对受理主体由原来的仅"行政机关"扩大为"各级机关、单位"，即从单纯的行政机关范围扩大到各级党政机关、人大、政协、监察机关、司法机关、群团组织、国有企事业单位等，公民信访权利的实现范围涵盖了所有公权力或公共性的机关单位，极大地保障了公民享有的人民主权和人民民主权利的实现。

2. 明确了信访人的义务种类

权利与义务是对等的，享有权利就要履行义务，履行义务的本质是更好地保障权利的实现。我国宪法第四十一条规定，公民对国家机关及其工作人员的职务行为享有批评权、建议权、申诉权、控告权和检举权等，但不得捏造事实，诬告陷害。信访权是宪法规定的公民享有的批评、建议、申诉、控告和检举权利的具体化，信访人享有这些权利，同时必须履行宪法规定的相应义务。《条例》从操作层面细化了宪法规定的信访人的义务，更好地保障信访人权利的实现。信访人的义务主要有：一是对提出的信访事项的材料内容的真实性负责，不得捏造、歪曲事实和不得诬告、陷害他人的义务。二是多人采用走访形式提出共同信访事项的，应当推选代表，代表人数不得超过5人的义务。三是信访人在信访过程中要遵守国家法律、法规，不得损害国家、社会、集体的利益和其他公民的合法权利，负有自觉维护社会公共秩序和信访秩序的义务。

3. 扩大了信访义务主体的范围

《条例》规定了信访工作坚持以人民为中心的原则，为切实保障公民信访权的实现，《条例》扩大了受理信访事项的义务主体范围，由《信访条例》规定的单一行政机关扩大到了所有国家机关和单位等，即各级党政机关、人大、政协、监察机关、审判机关、检察机关以及群团组织、国有企事业单位等。极大方便了信访人向对口机关、单位反映问题和请求权利救济，体现信访工作坚持以人民为中心的根本宗旨。

信访义务主体可分为三类：一是国家。包括各级党政机关、人大、政协、监察机关、审判机关、检察机关等。公民信访权的行使要得到国家的承认和保障，国家提供公民信访权实现的条件，这是国家对公民信访权的实现承担的积极义务。同时，国家也承担消极义务，就是禁止国家机关和行使公权力的组织限制和妨碍信访人进行信访活动，禁止歧视、打击报复信访人。二是群团组织、国有企事业单位。这类组织、单位是由一定的社会行业、界别、利益趋同的人员组成的，如妇联、工会、居委会、村委会等非国家公权性质的组织，但拥有公权性的力量，这类组织不得限制和妨碍公民信访权的实现，不得孤立、排挤、打击报复信访人。三是其他任何组织和公民。除《条例》规定的各级党和国家机关、群团组织和国有企事业单位外的其他任何组织和公民不得限制和妨碍公民信访活动，不得威胁、恐吓、阻扰信访人的正当信访行为。

（二）完善了义务主体的监督和责任机制

在信访法律关系中，作为义务主体的各级党和国家机关、群团组织和国有企事业单位等，除依法履行受理和积极处置信访事项的义务外，对在处置信访事项的过程中出现的推诿、懈怠、拖延不作为、滥作为等不适当履职行为，损害了信访人正当合法权利的，要承担相应的法律责任。《条例》完善了监督和追责机制。

1. 监督机制

《条例》从督查制度、报告制度和对接制度三方面完善了信访工作的监督机制，推进新时代信访工作。

一是督查制度。《条例》要求各级党委和政府对开展信访工作、落实信访工作责任情况组织专项督查，要把疑难复杂信访问题列入督查范围。信访工作联席会议及其办公室、党委和政府信访部门应当根据工作需要开展督查。

二是报告制度。督查机构就督查工作中发现的问题要向有关地方和部门进行反馈，重要问题向本级党委和政府报告。各级党委和政府信访部门对工作中发现的有关政策性问题，应当及时向本级党委和政府报告，并提出完善政策的建议。各级党委和政府信访部门应当向本级党委和政府、上一级党委和政府信访部门报告信访情况年度报告。年度报告应当包括：信访事项的数据统计、信访事项涉及领域及被投诉较多的机关、单位；党委和政府信访部门转送、交办、督办情况；党委和政府信访部门提出改进工作、完善政策、追究责任建议以及被采纳情况；其他应当报告的事项等。

三是对接制度。《条例》完善了信访部门向巡视巡察部门提供违纪违法举报信息的对接制度。要求各级党委和政府信访部门根据工作需要向巡视巡察机构提供关于被巡视巡察地区、单位领导班子及其成员和下一级主要负责人的信访举报和重要信访事项等。"实践中，中央巡视办与国家信访局建立了工作协调机制。每次中央开展巡视，国家信访局都要向中央巡视办通报有关信访举报情况，以及被巡视地区和单位贯彻落实习近平总书记对信访工作重要指示批示精神、落实信访工作责任制等情况。发挥信访举报渠道作用，为巡视巡察提供服务，同时，借力巡视巡察工作，进一步提高信访部门监督水平。"[1]

2. 责任机制

落实信访工作责任，是做好信访工作的关键环节。《条例》以责任主体为标准，明确责任，推进信访工作，保障党中央信访工作决策部署落地落实。

一是党政同责，一岗双责。各级党委和政府对本地区信访工作承担同等责任，同时承担分管领域的业务和信访工作责任。对在信访工作中履职不力、存在严重问题的领导班子和领导干部，视情节轻重，由信访工作联席会议进行约谈、通报、挂牌督办，责令限期整改。

二是属地管理，分级负责。地方党委领导本地区信访工作，政府组织落实本地区信访工作，各级党委和政府对

① 中央信访工作联席会议办公室、国家信访局编：《〈信访工作条例〉辅导读本》，中国法制出版社 2022 年版，第 234—235 页。

本地区信访工作负责。涉及上下级的信访事项，执行"属地管理，分级负责""谁主管，谁负责"的原则。

三是"三项建议"职责。各级党委和政府信访部门对有关机关和单位负责的信访事项拖延、懈怠、敷衍、弄虚作假或者拒不执行信访处理意见的行为，有向上级或有管理权限的机关、单位提出改进工作、完善政策和追究责任的建议职责。

四是信访工作义务主体的责任。负有受理、处置信访事项的义务主体，对收到的信访事项不按照规定登记；对属于其职权范围的信访事项不予受理；未在规定期限内书面告知信访人是否受理信访事项；推诿、敷衍、拖延信访事项办理或者未在规定期限内办结信访事项；对事实清楚，符合法律、法规、规章或者其他有关规定的投诉请求未予支持；对党委和政府信访部门提出的改进工作、完善政策等建议重视不够、落实不力，导致问题长期得不到解决；其他不履行或者不正确履行信访事项处理职责的情形等，其上级机关应责令改正，造成严重后果的，对直接负责的主管人员和其他直接责任人员依规依纪依法严肃处理，构成犯罪的，依法追究刑事责任。

五是对引发信访事项发生，导致严重后果的责任主体依法追责。对在工作中，超越职权、滥用职权，应当作为而不作为，适用法律、法规错误或者违反法定程序，侵害公民、法人或者其他组织合法权益和拒不执行有权处理机关、单位作出的支持信访请求意见的责任主体，依规依纪依法严肃处理，构成犯罪的，依法追究刑事责任。

问题十一

如何从法律法规层面对信访工作进行引导、约束和规范？

信访工作是公权力部门和组织对信访活动作出回应、对信访事项进行处理的行为。[①] 信访工作法治化是依法治国的必然要求，也是推进国家治理体系和治理能力现代化的客观需要。

一、以党内法规强调信访工作的政治属性

信访工作是党的群众工作的重要组成部分，是了解社情民意的重要窗口。特别是在社会变革时期，信访工作的健康有效运行，对持续保持党和群众的血肉联系、维持社会的长治久安、巩固党的执政根基坚不可催都具有重大

---

① 舒晓琴主编：《中国信访制度研究》，中国法制出版社 2019 年版，第 6 页。

意义。

（一）信访工作肩负政治功能

1982 年的《党政机关信访工作暂行条例（草案）》首次从党内法规的层面明确了信访工作的政治属性。该条例第一条就提出，正确处理人民群众来信来访，是各级党委和政府的一项经常性的政治任务。以党法引导、规范信访工作，能够更好地保持信访工作的人民性和群众性，体现信访工作的政治属性。

（二）信访工作是一项系统性工程，必须坚持党的统一领导

在我国，处理信访事项的主体非常广泛，包括各级党委及其工作部门、人大、政协、监察机关、人民政府及其工作部门、人民法院、人民检察院、群团组织（如工会、共青团、妇联等）以及有关行业协会（如律协、注协等），甚至还包括提供公共服务的国有企事业单位。行政法规适用范围有限，很难适应"大信访"工作格局、统筹各部门处理信访事项，而党内法规可以通过引导规范各级党委，统筹推进各部门的信访工作。《条例》既突出了党中央和各级党委在信访工作中的领导地位，充分发挥党总揽全

局、协调各方的领导核心作用，又确保信访工作始终沿着正确的政治方向前进。

二、发挥宪法引领作用，促进信访工作

宪法是国家的根本大法，是信访工作的基本依据。我国宪法中有关人民主权原则、人民民主制度的规定，为公民行使信访权，参与国家管理和民主监督提供了宪法依据，也是信访工作得以展开的重要指引。

（一）以宪法原则为指引，保障公民的有序政治参与，加强与群众的密切联系

根据我国宪法第二条规定，人民可以依法通过各种途径和形式，管理国家事务、经济和文化事业、社会事务；第二十七条第二款规定，"一切国家机关和国家工作人员必须依靠人民的支持，经常保持同人民的密切联系，倾听人民的意见和建议，接受人民的监督，努力为人民服务"。尽管宪法中没有直接规定"信访"的条款，但是上述规定明确了人民主权原则，人民有权参与管理国家和社会事务；对于国家机关及其工作人员的工作情况，有权提出意见和建议。信访是人民参与国家和社会管理的重要形式

和途径，在这个意义上，人民通过信访途径提出意见和建议的情况，以及国家机关依法重视和处理的程度情况，就是人民当家作主程度的重要衡量标准。[①] 这就要求国家机关要倾听群众呼声、了解社情民意，认真对待人民渴求良好法律法规和政策的愿望。通过排查化解矛盾纠纷、疏导不良情绪，做到密切联系群众、热心服务群众、团结依靠群众。

（二）以宪法监督权为指引，保障人民民主权利在信访环节的落实

根据我国宪法第四十一条规定，我国公民对于任何国家机关和国家工作人员，都有提出批评和建议的权利；也有向有关国家机关提出申诉、控告或者检举的权利，但是不得捏造或者歪曲事实进行诬告陷害；由于国家机关和国家工作人员侵犯公民权利而受到损失的人，有依照法律规定取得赔偿的权利。这里包含了公民的六项具体权利：申诉权、控告权、批评权、建议权、检举权及国家赔偿请求权，整合起来可称为"监督权"。信访监督是宪法赋予每个公民的权利，也是国家监督体系的重要组成部分。这就

---

① 朱应平：《信访在实施宪法方面的成就与问题》，《华东政法大学学报》2009 年第 5 期。

要求我们要重视群众信访，接受群众监督，经常听取群众的意见、建议和批评，充分体现公民在国家治理体系中的主体地位，保障人民民主权利在信访这一环节的落实。

三、以政策引导完善信访工作制度

进入新时代，以习近平同志为核心的党中央高度重视信访工作，党的十八大和十八届三中、四中全会，党的十九大和十九届五中、六中全会都对信访工作作出战略部署，提出"建立健全党和政府主导的维护群众权益机制"，要求"改革信访工作制度，实行网上受理信访制度"，强调"把信访纳入法治化轨道，保障合理合法诉求依照法律规定和程序就能得到合理合法的结果"，"完善信访制度，健全社会矛盾纠纷多元预防调处化解综合机制"等。这些重要指示为新时代信访制度改革提供了政策支持和指导。

（一）推进法治信访建设，提升信访工作法治化水平

随着经济社会快速发展，利益格局不断调整，矛盾冲突逐渐增多，信访诉求日趋激烈，信访形势更加严峻。党的十八届三中全会提出"把涉法涉诉信访纳入法治轨道解

决，建立涉法涉诉信访依法终结制度"。① 党的十八届四中全会对全面依法治国作出安排部署，其中专门提出"把信访纳入法治化轨道，保障合理合法诉求依照法律规定和程序就能得到合理合法的结果"。② 面对新时代信访工作的挑战，法治是有效整合各种张力、化解各种冲突的最佳模式。为此，必须坚持运用法治思维和法治方式解决信访问题，保障群众合理合法诉求，依照法律规定和程序得到合理合法的结果。具体来说，就是以法治思维发现问题、认识问题，以法治方式定分止争、断事评案，落实"大口进入、诉访分离、分类处理"原则。建立信访事项甄别分流机制，真正把解决诉求、纠纷放进法治框架内，通过合法途径和程序予以解决。同时，要把法治宣传贯穿信访事项接待处理全过程，引导群众依法行使权利、理性表达诉求，依法处置滋事扰序、缠访闹访等违法行为，维护正常信访秩序。

（二）夯实基层信访工作的基础，加强信访矛盾源头预防化解

新常态下，我国社会矛盾呈现出新的发展态势，即刑

---

① 《中共中央关于全面深化改革若干重大问题的决定》，人民出版社 2013 年版，第 51 页。

② 《〈中共中央关于全面推进依法治国若干重大问题的决定〉辅导读本》，人民出版社 2014 年版，第 29 页。

事、治安类社会矛盾发生率有所下降，与民生相关的矛盾纠纷增势明显。而基层社会恰是民生类社会矛盾的首发、多发领域。党和国家高度重视信访制度在基层治理中的功能发挥。党的十九届六中全会提出，"坚持和发展新时代'枫桥经验'，坚持系统治理、依法治理、综合治理、源头治理，完善信访制度，健全社会矛盾纠纷多元预防调处化解综合机制"。[①] 推动信访矛盾源头治理，必须坚持和发展新时代"枫桥经验"，把信访工作融入基层社会治理大格局，积极回应基层群众合法利益诉求，将信访问题消灭在萌芽状态。

具体来说，一是坚持关口前移，严格落实重大决策社会稳定风险评估等科学决策机制，加强社情民意分析研判，从源头上预防信访积案和群体性事件的发生；二是坚持重心下移，构建县、乡（镇）、村（社区）三级多元社会治理模式，全面激活源头预防和风险防控的"神经末梢"，及时就地解决群众合理诉求；三是坚持协同共治，充分发挥信访部门的综合协调作用，加快构建源头预防、排查梳理、纠纷化解、应急处置的信访矛盾综合治理机制。

---

① 《〈中共中央关于党的百年奋斗重大成就和历史经验的决议〉辅导读本》，人民出版社 2021 年版，第 60 页。

四、细化落实信访工作的职责权限

针对新时代的形势要求，《条例》对信访工作的地位作用、指导思想、主要原则、工作要求等作出重新定位和安排，对于坚持党对信访工作的全面领导、理顺信访工作体制机制具有重要意义。但是，相应的配套措施和衔接机制还需要进一步完善。因而，要细化落实《条例》规定，制定配套措施，提高可操作性。形成以党内法规、行政法规、地方性法规等为重要组成部分的有机整体，对公民的信访活动以及所有公权力机关的信访工作进行有效规范。

（一）信访工作各环节必须实现有法可依

信访工作涉及公权力部门和组织对公民信访事项的处理，其各个环节都应当有明确的法律规定和法律遵循。特别是对于信访工作的职权责任，要细化类别、依法厘定。工作实践中，信访工作面临土地征收、拆迁安置、环境保护、企业改制、社会保障、涉军群体、非法集资、涉法涉诉等各领域社会矛盾，而且有相当一部分信访问题是向上级部门尤其是党委和政府信访工作机构提出的，诉求受理机关和实质解决问题主体并不一致。如果信访工作职责没有明确指向，且部分职能部门责任意识不强，信访人的诉求就往往得不到及时有效的处理。从 2013 年开始，国家信访局、国务院法制办就牵头中央部委开展依法分类处理信访诉求工作，到了 2016 年，已有 38 个中央和国家机关出台了分类处理清单。2017 年，国家信访局根据 2005 年的《信访条例》（已废止）制定了《依法分类处理信访诉求工作规则》，进一步规范各级行政机关对信访诉求的分类处理，大部分省份也出台了细化的工作规程。《条例》将信访事项区分为建议意见类、检举控告类、申诉求决类事项，分别明确了受理办理程序，对于申诉求决类事项，又进一步细分为六种情形处理。要按照新的信访工作原则和要求，结合具体场景，制定配套性工作方案，推进信访工作职责法定、权责一致。

（二）要注重信访法律规范体系的系统性

在信访工作领域，要提高立法的科学性、针对性、有效性，注重信访法律规范体系的内部统一性，构建党内法规与国家法律相协调，分类信访事项处理程序相衔接的覆盖全面、有机统一、科学实效的信访法规制度体系。特别是在监督机制方面，《条例》在"属地管理、分级负责，谁主管、谁负责"的基础上，新增加了"党政同责、一岗双责"的原则要求，构建了包括监督责任、监督机制、责任追究在内的信访工作监督体系。对此，各级信访部门应当健全网上督查、实地督查、联合督查、提级督查等制度，在规则设计上注重与纪检监察机关、巡视巡察机构、党委和政府督查机构等部门的信息共享和工作联动，落实信访监督责任。

问题十二

目前涉及信访工作的法律法规有哪些?

我国的信访制度,依据宪法和法律法规设立和运行,是中国特色社会主义制度体系的有机组成部分。无论是公民进行信访活动,还是国家机关履行信访工作职责,都有着坚实的法律依据。

一、宪法

宪法是国家的根本大法,是信访工作的基本依据。现行宪法第二条第三款规定:"人民依照法律规定,通过各种途径和形式,管理国家事务,管理经济和文化事业,管理社会事务。"第四十一条第一款规定:"中华人民共和国公民对于任何国家机关和国家工作人员,有提出批评和建议的权利;对于任何国家机关和国家工作人员的违法失职行为，有向有关国家机关提出申诉、控告或者检举的权利，但是不得捏造或者歪曲事实进行诬告陷害。"第二款规定："对于公民的申诉、控告或者检举，有关国家机关必须查清事实，负责处理。任何人不得压制和打击报复。"这些条款是宪法关于人民管理国家事务、对国家机关及国家工作人员进行民主监督、权利受到侵犯获得救济的各项权利的具体规定，为信访工作的展开奠定了宪法基础。

二、行政法规、部门规章

宪法的规定通过行政立法得以细化，如《政府信息公开条例》（2019 年修订）第九条规定，"公民、法人和其他组织有权对行政机关的政府信息公开工作进行监督，并提出批评和建议"；并在第五十一条规定，"公民、法人或者其他组织认为行政机关在政府信息公开工作中侵犯其合法权益的，可以向上一级行政机关或者政府信息公开工作主管部门投诉、举报，也可以依法申请行政复议或者提起行政诉讼"；同时在第三十九条第一款规定了例外情况，"申请人以政府信息公开申请的形式进行信访、投诉、举报等活动，行政机关应当告知申请人不作为政府信息公开申请处理并可以告知通过相应渠道提出"。《国务院工作规则》（2018 年修订）第三十六条规定："国务院及各部门要重视信访工作，进一步完善信访制度，畅通和规范群众诉求表达、利益协调、权益保障渠道；国务院领导同志及各部门负责人要亲自阅批重要的群众来信，督促解决重大信访问题。"这些条款进一步细化和扩展了宪法中关于人民群众监督权利、诉求渠道的规定，构成了行政领域信访工作的制度基础。

除了统一的行政法规，中央和国家机关各部委也制定了关于信访工作的部门规章和规范性文件。如 2005 年发布的《公安机关信访工作规定》《财政部信访工作办法》，2011 年发布的《民政信访工作办法》，2019 年发布的《文化和旅游部信访工作管理办法》，2020 年发布的《中国银保监会信访工作办法》，2018 年修订的《司法行政机关信访工作办法》，2021 年修订的《环境信访办法》，等等。

三、党内法规

党内法规是信访制度的重要法律规范依据。党中央、国务院针对信访工作发布的意见、作出的规定，为信访工作提供了重要依据。如，中共中央、国务院发布的《关于进一步加强新时期信访工作的意见》（2007），中共中央办公厅、国务院办公厅发布的《关于创新群众工作方法解决信访突出问题的意见》（2013）、《关于依法处理涉法涉诉信访问题的意见》（2014）、《信访工作责任制实施办法》（2016）等。中共中央组织部、中共中央纪委针对信访工作也作出了相关规定，如《关于加强纪检监察基层信访举报工作的意见》（2003）、《关于依纪依法规范纪检监察信访举报工作的若干意见》（2005）、《党委组织部门信访工作暂行规定》（2006）、《关于违反信访工作纪律适用〈中国共产党纪律处分条例〉若干问题的解释》（2008）。此外，为推进信访工作制度改革和信访法治化建设，国家信访局发布了一系列规范性文件，如《关于进一步加强和规范联合接访工作的意见》（2015）、《国家信访局协调解决"三跨三分离"信访事项工作规则》（2019）等。

党的十八大以来，党中央对信访工作高度重视，习近平总书记就加强和改进人民信访工作作出一系列重要指示批示，为做好新时代信访工作提供了根本遵循。2022年2月25日，中共中央、国务院发布了《信访工作条例》。《条例》坚持和加强党对信访工作的全面领导，围绕新时代信访工作的体制机制、职责任务、处理程序、监督体系等方面进行顶层设计，进一步规范和加强信访工作。

四、司法解释

中央政法委与最高人民法院、最高人民检察院针对涉诉信访出台了大量文件，是处理涉诉信访的重要依据。2014 年，中央政法委印发了《关于建立涉法涉诉信访事项导入法律程序工作机制的意见》《关于建立涉法涉诉信访执法错误纠正和瑕疵补正机制的指导意见》《关于健全涉法涉诉信访依法终结制度的实施意见》3 个文件，对涉法涉诉信访案件导入法律程序、执法错误纠正和瑕疵补正、依法终结机制作出相关规定。最高法、最高检发布的司法解释、工作文件，也是处理涉诉信访事项的重要依据。如，最高人民检察院发布的《人民检察院信访工作规定》（2007），最高人民法院发布的《人民法院办理执行信访案件若干问题的意见》（2016）、《人民法院关于进一步加强人民法院"立案信访窗口"建设的若干意见（试行）》（2009）、《人民法院关于建立健全执行信访案件"接访即办"工作机制的意见》（2021），最高人民法院、最高人民检察院、公安部、司法部发布的《关于依法处理涉法涉诉信访工作衔接配合的规定》（2017）等。

除了中央层面立法，地方也制定了相应的信访条例，结合地方特点对信访制度进一步细化和扩展，如《江苏省信访条例》（2021年修订）。此外，还有相关群团组织规定，如《共青团信访工作实施办法》（2007）。

问题十三

信访与其他法定程序的关系是什么?

　　信访是党的群众工作的重要内容,也是多元化纠纷解决机制的重要组成部分。我国目前已经建立了信访、诉讼仲裁、行政复议等多种机制并存的权利救济和纠纷解决体系,信访制度在其中处于补充性地位,具有兜底保障和救济的作用,因而与诉讼、仲裁、行政复议等法定程序既有联系又有区别,既有分工又有衔接。

一、信访与诉讼

　　处理信访与诉讼的关系,基本原则是尊重司法权威和审判独立,诉讼和信访严格分离。信访制度具有一定的纠纷解决功能,但它并不是通过国家基本法律确认的统一的法律救济程序,而是回应民意的政治参与重要渠道,承担的是政治监督与权利救济的多重功能。在这个意义上，信访相较于专门性解决纠纷的诉讼程序而言，具有非正式或补充性的特点。

信访不得干预、干扰司法诉讼的各个阶段和整个过程。对于涉及民商事、行政、刑事等诉讼权利救济的信访事项，应从普通信访体制中分离出来，依法转入相应诉讼程序。已经穷尽法律程序的，依法作出的判决、裁定为终结决定。办案机关、当事人都要自觉接受和维护依法作出的处理结论。对于反复缠访缠诉的，经过案件审查、评查，由中央或省级政法机关审核，认定其反映问题已经得到公正处理的，除有法律规定的情形外，依法不再启动复查程序。

二、信访与行政复议

信访投诉及其处理结果中往往涉及具体行政行为，且具有复查、复核程序，因而信访与行政复议存在某些相似之处。但二者在受理范围、处理主体、处理方式、处理程序等方面存在明显不同。

一是受理范围。行政复议受理范围仅限于行政机关的具体行政行为。信访事项的受理范围要宽泛很多，公民、法人或者其他组织向各级机关、单位反映情况，提出建议、意见或者投诉请求，都属于信访范畴，而且可以通过信息网络、书信、电话、传真、走访等形式进行信访。

二是处理主体。行政复议申请向作出具体行政行为的行政机关的上一级机关或人民政府提出，并由行政复议机关的法制工作机构处理。信访事项按照"党政同责、一岗双责，属地管理、分级负责，谁主管、谁负责"的原则，由各机关、单位按照职责权限及时受理办理。各级党委和政府信访部门承担受理、转送、交办信访事项，协调解决重要信访问题，督促检查重要信访事项的处理和落实等工作职责。信访工作联席会议负责统筹协调、整体推进、督促落实，协调处理发生在本地区的重要信访问题。

三是处理方式。行政复议机关收到行政复议申请后一般是直接作出复议决定。各级党委和政府信访部门收到信访事项后，一般不直接对信访事项作出实体处理，而是通过转送等方式转给有权处理的机关、单位进行处理。对转送信访事项中的重要情况需要反馈办理结果的，可以要求其在指定办理期限内反馈结果，提交办结。

四是处理程序。行政复议申请有严格的期限规定，必须在法定复议期限内向行政复议机关提出复议申请。信访事项的复查、复核申请，有期限规定，但总体来说，限定性条件较少。

《条例》第三十一条规定，可以通过行政复议、行政裁决、行政确认、行政许可、行政处罚等行政程序解决的，导入相应程序处理。因而原则上，申请的信访事项属于行政复议受案范围的，应当转入行政程序。但是如果属于行政复议期限与行政诉讼起诉期限都已届满，应当纳入信访渠道受理。基于信访制度的监督功能，信访本身并不对行政决定作出实体性纠错，只是监督行政机关启动自行纠错的机制，并进而督促行政机关对信访事项作出答复。

三、信访与党员申诉

当党员认为其正当权益因党组织所作出的决定、处分违规或者不当而受到损害时，有权向党组织或党的上级组织提出请求，要求予以撤销或者改变，以矫正和制止侵权行为，使受损的正当权益得到恢复和补救。《党员权利保障条例》第十八条规定："党员有党内申诉权，对于党组织给予本人的处理、处分或者作出的鉴定、审查结论不服的，有权按照规定程序逐级向本人所在党组织、上级党组织直至中央提出申诉。党员认为党组织给予其他党员的处理、处分或者作出的鉴定、审查结论不当的，有权按照规定程序逐级向党组织直至中央提出意见。"《中国共产党纪律检查机关监督执纪工作规则》第五十九条规定："对不服处分决定的申诉，由批准或者决定处分的党委（党组）或者纪检监察机关受理；需要复议复查的，由纪检监察机关相关负责人批准后受理。申诉办理部门成立复查组，调阅原案案卷，必要时可以进行取证，经集体研究后，提出办理意见，报纪检监察机关相关负责人批准或者纪委常委会会议研究决定，作出复议复查决定。决定应当告知申诉人，抄送相关单位，并在一定范围内宣布。"

四、信访与仲裁

仲裁制度是指由仲裁机构作为中立第三方裁断法律争议的活动。根据仲裁解决争议的类型，我国仲裁制度分为民商事仲裁、人事争议仲裁和劳动争议仲裁。信访与这三类仲裁制度有以下四方面的区别联系。

一是处理主体方面。仲裁由专门的仲裁委员会裁断争议，如劳动仲裁由劳动争议仲裁委员会裁决用人单位与劳动者之间的劳动合同争议。信访事项由有权处理信访事项的机关、单位处理。

二是处理争议事项方面。民商事仲裁、劳动争议仲裁裁决的争议性质均为平等民事主体之间的民事争议，不属于信访事项范围；人事争议仲裁裁决的争议主要为国家机关与其工作人员之间因为解除人事关系和履行聘用合同产生的争议，与信访事项有交叉。

三是处理程序方面。民商事仲裁遵循自愿原则，仲裁活动适用专门的仲裁程序规定。

四是处理结果方面。仲裁机构对民商事案件争议作出仲裁裁决，当事人应当执行仲裁裁决；一方当事人不履行民商事仲裁裁决的，另一方当事人可以向人民法院申请强制执行。

一般来说，各类纠纷应该首选相应的专门程序解决，这些程序与信访并不发生交集和衔接。但是，在特殊情况下，当事人因为某些特殊原因很难利用这些专门程序解决问题，而不得不向政府或信访工作机构求助。此时，信访制度就会发挥重要作用。例如，农民工欠薪问题，当农民工无法得到报酬时，由于没有完备的劳动合同，也没有足够的时间、财力和能力提起仲裁或诉讼，他们往往选择信访作为最直接有效的救济渠道。在这种情况下，如果国家机关过于坚持正常的纠纷解决程序而拒绝受理，可能导致这些农民工求助无门，甚至引发更严重的社会问题。因此，在一些特殊情况下，信访制度承担了兜底保障和救济的功能，协调、敦促相关主管部门调查处理。《条例》根据信访事项性质的不同，区分建议意见类、检举控告类、申诉求决类事项的受理办理程序。针对建议意见类信访事项，有权处理的机关、单位应当认真研究论证；各级党委和政府应当健全人民建议征集制度，主动听取群众的建议意见。针对检举控告类信访事项，纪检监察机关或者有权处理的机关、单位应当依规依纪依法接收、受理、办理和反馈，党委和政府信访部门应当按照干部管理权限向有关部门和负责同志通报、报送反映干部问题的信访情况。针对申诉求决类事项，细分为六种情形进行处理：一是涉法涉诉事项未依法终结的，按照法律程序办理；二是应当通过仲裁解决的，导入仲裁程序；三是党员申诉等事项，导入党内程序；四是可以通过行政复议等解决的，导入行政程序；五是申请查处违法行为、履行保护人身权或者财产权等合法权益职责的，依法履行或者答复；六是不属于以上情形的事项，听取信访人陈述事实和理由，并调查核实，出具信访处理意见书，视情况可举行听证。

问题十四

如何认识新时代信访问题的特点及原因?

进入新时代,随着社会主要矛盾的变化对信访的影响,呈现出新时代信访问题的特点。

一、新时代信访问题的特点

新时代信访问题在传统信访类型的基础上,结合新问题,主要有以下特点。

(一)信"访"不信"法"

一切问题都找信访。当前,很多人都存在一种解决矛盾、化解纠纷的误区,即所有问题都试图通过信访途径而不是寻求司法途径予以解决。同时,部分群众在诉诸信访时，往往采取拦车堵路、哭喊下跪、胡搅蛮缠等方式，试图以此实现自身诉求，从未思考诉求是否合理、信访方式是否合规。于是，社会上形成了一种盲目信访的现象，生活困难、劳动纠纷、医疗纠纷、民间借贷等各种问题都一股脑地找党委和政府，却将公安、法院、劳动仲裁等部门视同隐形。

（二）信"上"不信"下"

一切问题都盲目地找上级。信访人员的盲目性体现在无论本级信访机关能否解决问题，都盲目地追求上级信访部门的关注。之所以这样做，一方面是因为基层干部对他们知根知底，不会满足他们的无理要求；另一方面，他们坚信上级部门权力大，能解决问题，而且上级都是"清官""好官"，在信访群体中形成了"不访乡、不访县、要访就访国务院""一哭二闹三上吊，有理无理往上告"等顺口溜。因此，有些不法分子混在有真正诉求的上访者之中，试图浑水摸鱼。甚至，部分人纯粹是想"公费旅游"。这也衍生出一些"专业群体"，如信访带路人、中间商、"状师"等信访领域的"专职人员"，此类人借机钻政策空子，谋取利益。

（三）信"多"不信"少"

信访人员被有意无意地组织起来。为了实现自身合理或不合理的诉求，信访人员试图通过人多势众形成压迫力，以得到党和政府的重视，进而利于诉求的实现。群体性特征之所以越来越明显，是因为信访人员认为人多更安全，即使他们明知一些行为违法违规，会造成不良影响，也会因"法不责众"而免受处罚，甚至有部分信访人员是被雇佣的，并非真正的信访人员。在此情形下，这种群体力量被许多违法分子扭曲利用，煽动信访人员造势，借机制造混乱，导致围堵道路、冲击国家机关等现象发生。

二、新时代信访问题的多重原因

信访问题是新的社会矛盾的综合反映，上述信访问题特点的显现有一系列复杂的原因。

（一）时代变迁转型的改革之"痛"

信访问题的出现，首先与社会转型息息相关。回顾历史，每当社会变革之际、转型之初都会伴随着信访量的激增。2020 年 8 月 24 日，习近平总书记在经济社会领域专家座谈会上的重要讲话中指出："我国社会结构正在发生深刻变化，互联网深刻改变人类交往方式，社会观念、社会心理、社会行为发生深刻变化。'十四五'时期如何适应社会结构、社会关系、社会行为方式、社会心理等深刻变化，实现更加充分、更高质量的就业，健全全覆盖、可持续的社保体系，强化公共卫生和疾控体系，促进人口长期均衡发展，加强社会治理，化解社会矛盾，维护社会稳定，都需要认真研究并作出工作部署。"①

尤其是全面建成小康社会后，人民群众的需求层次向中高层次转变，人们的需求从"有无"转向"好坏"、从简单的数量需求转向更高层次的质量追求，对社会公共服务、生活水准、精神价值追求等有了更高的要求。人民群众不再简单地追求基本的"生存"条件，而是追求更好的"生活"条件。②"有无"的问题相对容易解决，而人们的需求增速太快，"好坏"问题注定难以快速解决，这意味着新矛盾的出现。信访恰恰是反映问题的重要表现，这也意味着信访难题是社会转型的附属品，有其存在的时代因素。彻底解决信访问题不是一朝一夕之功，要做好长期作战的积极准备。

---

① 习近平：《在经济社会领域专家座谈会上的讲话》，人民出版社 2020 年版，第 8—9 页。

② 参见丁粮柯、孙培军：《如何深刻理解"改善人民生活品质，提高社会建设水平"》，《党课参考》2020 年第 23—24 期。

（二）信访体制机制的成熟之"欠"

任何一个制度不可能是完美无缺的，都处于一个不断完善的过程中，信访制度也不能超然于这条基本规律。随着社会发展，信访制度必然要做出改革，通过调整解决新的问题。在 2022 年 2 月 25 日《条例》颁布前，我国信访工作体制机制运行不够顺畅，存在许多有待完善的地方，《条例》弥补了其许多短板。

1. 权责不对称

实质上，信访机构更多倾向于扮演"中介"角色，负责输入、输出，不具备对具体案件的强制约束力，更不能直接插手干预信访问题，依然要在各职能部门解决。信访机构缺乏统筹性，在《条例》实施前，不同类型机关中的信访机构各有特色，难免出现协调不足、难以统一指挥的现象。信访机构没有"无限大"的权力，却一直承担着人民群众"无穷多"的诉求，造成问题的积聚、拖沓。

2. 考核机制疏漏

信访工作中的上访问题一直是一个难以解决的"老大难"问题，这不仅加剧了信访群众与基层信访机构之间的紧张关系，还引发了上下级党政机关之间的信任危机。为了将矛盾化解在基层，缓解上访"洪峰"问题，上级党政机关往往将上访量作为一个重要的考核评价指标。但是，上访中既有"真"诉求也有"假"问题，夹杂在一起难以高效辨别。上级信访机关，尤其是中央一级信访机关没有那么多的人手和精力精准识别上访诉求的"真伪"，因此考核评价机制的设计在质量把控上存在缺陷，这就容易引发上下级之间的信任危机。在此情形下，极有可能造成上级采取转移压力、下级采取规避压力的策略，使上访问题难以得到实际解决。

（三）信访主客体的认识之"误"

对信访问题的原因进行梳理发现，既有党政干部认识出现偏差，也有群众认知出现错误。

1. 党政干部的政绩观出现偏差

错误的政绩观形成的官僚主义、形式主义诱发了大量矛盾，矛盾的日积月累使得信访量居高不下。信访问题本质上是人民群众对党政机关工作的怀疑、不满或者不理解。比如，有个别地方领导干部为了追求发展，在推动城市化进程中强拆强建、违规审批等现象频发；有的地方领导干部大搞面子工程、形象工程，举债建楼、大修大建等现象时有发生。如此一来，群众的权益受到损害，自然就引发了大量信访问题。当信访问题出现后，有关部门相互推诿扯皮，使矛盾得不到及时处理、纠纷得不到有效化解。此外，当群众上访时，有的领导干部通过政策许诺、金钱赔偿等方式"利诱"，还有的领导干部通过各类"学习班""黑监狱"进行"打压"，试图通过以上这些方式维护政绩。实际上，老问题非但没有解决，反而诱发新问题、新矛盾。这些现象都是官僚主义、形式主义在作祟，是部分领导干部的政绩观出现了偏差。

2. 群众对待信访的认知存在误区

在当前的信访活动中，盲目性、极端性的信访行为不断出现。一些群众故意选择在重要时刻到重要场所进行非正常信访、越级上访，试图以所谓的"敏感""特殊"对党政机关、单位施加压力。还有一些群众采取围追堵截、高举大字报、高喊口号、辱骂工作人员、自杀胁迫等过激方式营造压力氛围。其中，一些"碰不得、说不得"的老年信访群体尤为难处理，信访工作人员关心则可能使他们得寸进尺，漠视又会受到道德和良心谴责。这些都是群众对信访的认知出现偏差、缺乏理性思考能力的表现，进而形成了一种"无理偏要搅三分""谁弱谁有理"的非理性的不良价值观。

问题十五

当前信访案件在哪些领域比较多?

信访往往反映的是公民个人利益诉求,但可能隐含着普遍性的问题,代表了公众的共性诉求,这使得信访与公共政策关系密切,使信访具有了公共政策的功能。在某些领域信访案件多发,一定程度上反映这些领域公共治理存在较多问题,不能很好地实现公共治理目标,需要查找原因,及时解决存在的问题,从源头防范信访矛盾纠纷的发生。

一、政策执行问题

因政策执行问题引发的信访,主要包括:(1)拖欠工资问题,约占主要劳动力输出地区和建设项目较多地区信访总量的八成;(2)重大拆迁问题,如在乡村振兴、移民搬迁、拆迁征地、城市化征迁等重大政策项目落实方面对于政策理解不到位，简单粗暴执行造成的问题；（3）在教育、医疗、社保等民生保障方面保障性、均等化执行不到位引发的问题；（4）对农村宅基地纠纷、山林土地纠纷、城市物权纠纷等民间利益纠纷，公共部门介入不及时导致的信访问题。

在这些信访多发领域，又因地区不同、经济发展水平和文化等因素，信访纠纷存在差异。例如，我国中部某省的信访矛盾主要集中在"职工福利与企业改制""社会纠纷""征地拆迁与移民""市政管理""农民负担与村民自治""工作安置"这六个领域。东南部某市的信访矛盾主要分布在"征地拆迁纠纷""民事纠纷""劳动争议""农村问题""举报与咨政""单位内部房地产纠纷""历史遗留问题"这七个领域。① 其中，依据纠纷性质，分为民事申诉信访案件和涉及党和政府等公共权力机构与人员的行政信访案件。

民事申诉信访案件中，合同纠纷、劳动争议居多。根据涉法涉诉信访与普通信访分离的规定，民事申诉信访纠纷应依法通过诉讼渠道解决，但目前，这两类民事纠纷，当事人信"访"不信"法"的行为模式依然是主流。其中，

① 夏瑛：《信访制度的双重逻辑与"非行政信访"》，《政治学研究》2019年第4期。

劳动争议主要集中在工资和福利待遇两个方面。行政信访案件中，以征地拆迁补偿、土地林业行政登记等居多。

二、政策制定问题

因政策制定问题引发的信访，主要包括：（1）新业态带来的新问题，如平台经济中卡车司机的责任界定、快递员的权益保障等问题，这主要由于新生的产业形态缺乏政策指导与规范；（2）由于补偿标准和迁移措施不合理、不完善造成的拆迁问题；（3）由于经济社会快速发展导致的新风险，如非法集资领域问题、地产业资金链问题等。

三、政策协调问题

因政策协调问题引发的信访，主要包括：（1）政出多门导致的诸如资源利用使用、规划落实等方面的民众诉求，如土地争端问题；（2）朝令夕改导致的诸如疫情防控、车辆房屋申购等方面的问题；（3）地方保护主义导致的企业经营、市场准入等方面的问题；（4）新旧政策衔接导致的各方利益诉求，如在教育部门制定的"双减"政策下，培训机构退费纠纷问题等。

四、历史遗留问题

因历史遗留问题引发的信访，主要包括：（1）企业改制后的员工、退役军人、乡村教师等群体的待遇问题；（2）由于政策变迁和人口流动导致的产权纠纷，如土地承包问题、土地界限争端等。当然，也有部分上访是无理上访，排除这种情况，对信访案件多发领域反映的公共政策过程中的问题及其背后的原因，更值得高度重视。

问题十六

如何看待信访矛盾的产生、发展与解决对策？

信访矛盾是指以信访形式体现的社会矛盾，是当前社会矛盾的主体之一。信访矛盾的过程涉及三个基本维度：一是诉求原因，即"为何上访"；二是诉求类型，即"如何上访"；三是诉求解决，即"如何息访"。从这三个维度来看，信访矛盾涉及信访人的诉求产生、接诉方的处理以及权利救济过程中双方的互动。对此，《中共中央关于坚持和完善中国特色社会主义制度　推进国家治理体系和治理能力现代化若干重大问题的决定》明确提出，把提高治理能力作为新时代干部队伍建设的重大任务。这就要求通过提升治理能力防范和化解社会矛盾，从而在源头上预防、在过程中及时稳妥处置信访矛盾。

一、信访矛盾的产生

提出信访诉求是公民的权利，信访工作是维护民众利益的过程。在这一权利救济过程中，信访诉求一定程度反映了社会生活中的矛盾纠纷，但信访诉求并不自然构成信访矛盾，也存在一些因信息不对称而产生的咨询性问题或者信访人个人的问题。信访矛盾更多是群众信访多年、反映强烈的问题，是典型的社会矛盾。

（一）信访诉求的划分

在群众的信访诉求中，存在"合法"与"非法"的区分。诉求的合法性是指信访人提出的诉求是否符合现有的法律法规与政策。但在经济社会生活中，信访人提出的诉求更多基于事件的"合理性"，即诉求的目标、价值取向或偏好的恰当性、效果性或规范性是否符合事件本身和社会习俗。从信访人诉求的合理性和合法性进行区分，可以分析引发信访诉求的矛盾所在。

1. 信访人的诉求合法且合理的矛盾

信访人诉求合法且合理的信访矛盾往往是因政策执行引发的，这就需要对政策执行过程加以规范，使之更加公正、高效。反映在政府治理中，存在着抓落实能力不足的问题。在实践中，政策执行面临一系列体制机制困境，如注意力分散、利益板结固化、激励相容困境、部门本位主义等。

2. 信访人诉求合理但不合法的矛盾

信访人提出的诉求合理但不合法，往往是由于政策、法律、制度缺位或落后于当时的社会经济状况，这就要求政策、法律及时适应社会经济发展需要。这反映了公共治理中调查研究能力不足的问题。在实践中，存在不做调查研究，不会做调查研究，走马观花、蜻蜓点水、一得自矜、以偏概全的现象。

3. 信访人诉求合法但不合理的矛盾

信访人提出的诉求合法但不合理，往往因为不同部门出台的政策不统一，或程序法与实体法之间存在矛盾，导致法律解释的多样性或政策法规存在漏洞，这就需要对政策加以协调，同时对法律漏洞予以及时修补。这反映了公共治理中存在着科学决策能力不足的问题，即在实践中存在着决策预见性、协调性、决断性不足的问题。

4. 信访人诉求不合法且不合理的矛盾

信访人提出不合法且不合理的诉求，一般被认为不合理诉求，但这并不意味着接访者就可以置之不理，而是要给予及时的思想教育和情绪疏解。实践中存在对群众无理诉求置之不理，甚至推脱责任的现象。这反映出公共治理中存在着政治能力不足的问题。提高政治能力要善于从政治上分析问题、解决问题，切实担负起党和人民赋予的政治责任。只有坚持科学理论指导、坚守人民信仰，才能向着奋斗目标坚定前进，从而化解社会矛盾风险。

（二）信访专业治理能力

影响社会矛盾化解的其中一个因素是接访人的信访专业治理能力，主要指处理信访事件的专业能力，既包括解决信访矛盾所涉及的专业知识，又包括履职尽责中的专业水准和敬业态度。另外，接访人在群众特别是在信访人中的公信力也影响其能否化解矛盾，它既包括群众对接访人的信任感，也包括群众对接访人回应性的评估。通过对接访人信访治理能力和公信力的分析，可以看出接访人与信访矛盾发展的类型。

1. 接访人公信力强，与信访人对抗性弱，有利于信访矛盾解决

实践中，接访人公信力强、专业能力强，易取得信访人的信任与认可，与信访人之间的对抗性弱，信访矛盾多趋向解决。虽然信访治理能力较弱但公信力强，双方的对抗性也较弱，信访诉求所涉及的问题未必能够得到解决，

问题十六 如何看待信访矛盾的产生、发展与解决对策？

117

甚至可能导致长期持续。

2. 接访人公信力弱，与信访人的对抗性强，信访矛盾不易解决

接访人专业治理能力较强但公信力较弱，往往导致双方的对抗性较强，专业能力虽然有助于解决信访所涉及的问题，但未必会增加群众的满意度，仍会导致群众与公权力之间的隔阂与信访矛盾累积。而信访专业治理能力和公信力都孱弱，往往会导致双方有很强的对抗性，引发群众越级访等冲击信访秩序的行为。

二、信访矛盾的发展与解决

信访矛盾的发展与解决具有同源性，信访矛盾的发展往往是由于诉求未能得到及时有效的回复和解决。因此，一方面要求信访工作人员能够坚持从源头治理化解矛盾；另一方面，信访受理部门遇到信访诉求与矛盾要坚持急事急办，抓住问题处置的时效性，不能拖、不能等。按照诉求合理的解决问题到位、诉求无理的思想教育到位、生活困难的帮扶救助到位、行为违法的依法处理的要求，按政策依法及时就地解决群众合法合理诉求。

（一）信访矛盾的发展

信访矛盾发展到一定的程度后，群众的信访行为可能发生变化，群体性事件是信访人为了获得更大关注，使诉求得到解决的极端表现。在实践中，同一诉求的信访人，在信访诉求长期得不到解决的情况下，信访矛盾有时发展演变为群体性事件，通常表现为两类：一是5人以上的集体上访，有组织且有直接利益诉求；二是"社会泄愤事件"，无组织且无直接利益诉求。两者均与社会矛盾防范化解机制的钝化有关，进而导致信访矛盾发展激化。

（二）信访矛盾解决的对策

各级信访部门既要提升化解信访矛盾的完成率，又要提升化解信访矛盾的满意率。必须注重培养信访干部的专业能力，增强群众工作能力。

1.做好群众工作

信访是党的群众工作，做好信访工作，就是做好群众工作。

第一，了解群众。善于把握群众新变化，针对不同的对象，采用不同的方法，解决不同类别和性质的问题。第二，培育群众感情。从群众的角度看问题，真正读懂群众在想什么、盼什么、怨什么，只有把与群众的情感纽带联结得更加牢固，才能获得群众的理解和信任。第三，保障好群众利益。要从群众的利益问题入手，以问题导向解民忧、纾民困、暖民心。以法治思维和法治方式做好群众工作，依法依规解决好群众的合理诉求，教育引导群众学法、用法、懂法、守法，保障群众合法利益不受侵犯。让全社会都能感受到公平、正义、安全，从而提升公信力。第四，凝聚好群众力量。通过让群众更多知道党和政府正在做什么、还要做什么，引导动员群众把党的正确主张转化为自觉行动。为群众互动参与、展示自我、实现价值创造更多平台，让群众工作更接地气、更可持续、更有实效。

2. 提高信访工作人员处置群体性上访事件的能力

解决群体性事件引发的紧急状态下的信访矛盾，考验接访人的突发事件应急处置能力。第一，需要接访人具有统筹能力，包括统筹风险意识和工作准备能力，统筹科学判断和政治决断能力，统筹政府与社会多元主体、多元信息的能力。第二，需要接访人具有较强的沟通能力，既包括与信访人的沟通，又包括与公众的沟通，能否做到能说话、会说话、说真话、不停说话是判断沟通能力的重要标准。第三，能运用强大的沟通能力与统筹能力妥善引导问题、解决矛盾。有强大的统筹能力但缺乏沟通能力，可能导致某一矛盾得到解决，却会损害政府在公众中的公信力；有较强的沟通能力但缺乏统筹能力，可能因无法形成合力，导致涉事各个部门疲于应付；统筹能力和沟通能力都匮乏，会导致矛盾升级，引发更严重的后果。

总之，信访矛盾从产生到发展是一个逐步升级的过程，是对各地方、各部门政治能力、抓落实能力、调查研究能力和科学决策能力的检验。[①] 因此，要增强这些能力的建设，着力在源头预防和前端化解，把可能引发信访问题的矛盾纠纷化解在基层、萌芽状态。根据信访矛盾的发展和解决具有同源性的特点，各地方、各部门要提高群众工作能力和应急处置能力。必须加强各地方、各部门专业能力、统筹能力，使信访工作人员不断增强应对信访矛盾的胆识与见识。同时，增强与群众沟通能力和政府公信力建设。[②] 通过提升治理能力，防范和化解社会矛盾，从而在源头上预防、在过程中及时稳妥处置信访矛盾。

---

① 习近平：《年轻干部要提高解决实际问题能力　想干事能干事干成事》，《人民日报》2020 年 10 月 11 日。

② 习近平：《年轻干部要提高解决实际问题能力　想干事能干事干成事》，《人民日报》2020 年 10 月 11 日；习近平：《立志做党光荣传统和优良作风的忠实传人　在新时代新征程中奋勇争先建功立业》，《人民日报》2021 年 3 月 2 日；习近平：《筑牢理想信念根基树立践行正确政绩观　在新时代新征程上留下无悔的奋斗足迹》，《人民日报》2022 年 3 月 2 日。

问题十七

怎样有效破解"无理上访"的难题？

如何破解信访人"无理上访"问题，《条例》指明了方向。《条例》第二十七条规定："各级机关、单位及其工作人员应当根据各自职责和有关规定，按照诉求合理的解决问题到位、诉求无理的思想教育到位、生活困难的帮扶救助到位、行为违法的依法处理的要求，依法按政策及时就地解决群众合法合理诉求，维护正常信访秩序。"具体而言，要做到以下几个方面。

一、上下级党委和政府要共同发力

上级党委和政府要建立和完善科学的考核评价机制，使信访人的"无理上访"行为"无压可施""无利可图"。一些地方把上访率作为对地方领导干部的重要考核指标，这些做法在一定程度上有助于把矛盾解决在基层，但同时容易造成上级党委和政府处置信访问题时采取简单、僵化的处理模式，一刀切地将压力转移到下级。由于上访问题与政绩和能力直接挂钩，因而保持"零上访"成为基层党委和政府的硬性要求，加大了基层工作的难度。特别是那些意图实现"无理诉求"的上访人，容易以此给地方政府施压，使"信访谋利"现象层出不穷。

常态下的上访有一定的积极意义，无序上访则会影响安定团结。对信访问题简单化的处理方式不是解决上访问题的最佳办法，更不是固本之策，容易造成基层党委和政府的压力过大。要进一步优化考核评价机制，不仅要考察上访数量，还要考察上访质量，不能单纯凭借上访数量就对下级党委和政府做出"差评"。在处理"无理上访"问题上，各级党委和政府之间要加强协调与配合，上级党委和政府除监督、督促基层政府履行职责外，也要支持、引导下级党委和政府依法依规妥善处理群众关心的利益问题。对依法依规处理的信访案件，上访人"无理上访"的，上级党委和政府应有明确态度，严格守住法律、政策底线，使无理上访者既"无压可施"也"无利可图"。

二、对待无理上访者要刚柔并济、精准施策

对待那些提出"无理诉求"的信访人，要分类处理，做到教育引导和依法依规处理相结合。对于主观恶意不大、并未造成恶劣影响的无理上访者要多一些耐心，通过教育引导化解信访人的心结，使其认识到自身行为的错误。党委和政府绝不能单纯以经济利益换取信访"消停"，更不能不加区别地采取暴力手段压制，这些都不是解决问题的负责任的态度。对扰乱公共秩序的违法信访人，经反复劝导仍不改正的，也要依法予以处理。特别是对以上访为名制造事端、煽动闹事或者插手信访、内外勾连、挟洋施压、丑化党和政府形象的，要依法坚决打击，防止失之于软。

只有如此，才能遏制信访中的某些乱象，防止不法分子借信访进行违法犯罪活动。只有使信访人正确看待信访行为，提高信访人的违法成本，才能有效遏制无理上访行为。

此外，对违反程序的信访行为，不能简单地等同于"无理"，不能搞一刀切，对不符合法规政策但确有困难的特殊信访群体不能一概划归"无理"。要从实际出发，既要维护法律法规的权威，彰显党委和政府的"刚度"，更要坚持以人民为中心的执政情怀，把解决群众实际困难作为目标，彰显党委和政府的"温度"。

问题十八

如何建立第三方参与的信访矛盾纠纷化解机制，解决闹访、缠访、越级访等长期无法有效解决的问题？

信访作为人民群众反映问题、寻求权利救济的重要渠道，在快捷、便利化解社会矛盾纠纷方面，发挥了其他制度不可取代的功能。但在信访工作中长期存在"闹访、缠访、越级访"等各种非法访现象，给正常的信访工作带来了严重困扰，甚至成为一些基层政府公共治理的主要职责，急需探寻解决路径。

一、"闹访、缠访、越级访"等非法访

非法访是指信访人员不到指定的场所和不按规定的逐级信访程序到有权处理信访事项的机关或组织提出诉求，

而是采取蓄意的、过激的、相关法律法规明确限制或禁止的方式，以集访、闹访、缠访、越级访形态出现的影响党政机关办公秩序，损害社会治安秩序，恶化地区建设发展环境，妨害国家安全和公共安全等的行为。①

有些信访案件，初审、复查、复核三级法定程序已经走完，在信访事项合理合法处置的情况下，信访人不接受处置结果，长期进行"闹访、缠访、越级访"等非法访，特别是在特定的"两会"、重大节日、国家重大活动的时间节点，上省进京非法访，给正常的社会秩序、人民群众的祥和生活氛围和属地党政部门工作带来极大困扰。从保障每个公民合法权益、合理诉愿和全面依法治国出发，构建有效解决"闹访、缠访、越级访"等非法访的治理机制十分必要。

二、建立第三方参与的信访工作多元矛盾纠纷化解机制

长期非法访的群众，在一定层面对地方党委和政府缺乏信心或者不信任，对相关部门的处置意见不接受，这种

---

① 参见娄全田、刘楠：《浅谈非法上访的原因及对策——以南阳市卧龙区检察院办理非法上访案件为例》，《法制与社会》2018 年第 9 期（下）。

情况下，要化解非法访群众的心结，需要借助第三方力量，建立社会力量参与信访工作的多元矛盾纠纷化解机制。《条例》第十五条第二款规定："各级机关、单位应当拓宽社会力量参与信访工作的制度化渠道，发挥群团组织、社会组织和'两代表一委员'、社会工作者等作用，反映群众意见和要求，引导群众依法理性反映诉求、维护权益，推动矛盾纠纷及时有效化解。"明确对这类信访案件，党委和政府应当引入多方社会力量，包括律师、社会工作者、党代表、人大代表、政协委员和公众人士等。这些社会力量没有政府背景，只是民间人士的身份，还有的就是非法访人员的邻居、生活范围内熟悉的权威人士等，更易取得非法访人员的信任，打开非法信访人心结，从源头消除矛盾，有利于化解长期解决不了的信访事项。引入与群众熟悉、了解当地风土人情的社会力量，在运用公序良俗、村规民约等化解矛盾纠纷的方法上有独特的优势。通过他们向人民群众宣讲、解释党的方针政策，能更快、更好地解答人民群众提出的问题并化解矛盾纠纷，降低社会治理成本。例如，信访人张某因房屋登记行政诉讼一案，不服法院裁决，长期信访，江西省人民检察院针对张某的信访申请，召开听证会，邀请信访人张某的邻居代表、当地居民代表、人大代表等作为第三方参与，对张某信访事项的内容公布调查核实情况，现场展示原案所有诉讼案卷以及 60 年前的房产登记资料和图纸，尽可能还原案件实情原貌，逐一回应信访人诉求，信访人面对案件处理正确的事实，心服口服。第三方参与信访听证会的形式既让司法机关接受社会监督，也形成了化解信访矛盾的合力，能够更好地平衡不同利益群体和利益阶层的矛盾冲突，促进社会稳定与和谐。引入多方社会力量参与信访工作，实际是建立了多元化的信访矛盾纠纷解决机制，最终取得较好的法律效果和社会效果。

问题十九

针对部分群众信"访"不信"法"问题，如何健全诉访分离、诉调衔接机制？

党的十八届四中全会通过了《中共中央关于全面推进依法治国若干重大问题的决定》，提出"实行诉访分离，保障当事人依法行使申诉权利"的要求。[①]2022 年 2 月 25 日，中共中央、国务院发布的《条例》完善了信访事项分类办理的规定。针对实践中仍然存在的信"访"不信"法"问题，需要进一步完善诉访分离及善后衔接机制，尽量降低信访事项进入诉讼渠道解决纠纷的成本，提高诉讼纠纷解决方式的可接受度，以促进矛盾纠纷的有效化解，提高国家治理能力，全面推进依法治国。

---

① 《中共中央关于全面推进依法治国若干重大问题的决定》，人民出版社 2014 年版，第 24 页。

一、建立诉访分离的统一标准

建立诉访分离的统一标准，是健全诉访分离机制的首要条件。《条例》规定信访部门在收到信访事项后，应当予以登记，并在法定期限内依法对信访事项进行甄别，根据具体情况作出不同的处理。这就要求信访部门要形成一致的认识，对信访事项进行分类处理，使人民群众的诉求进入相应程序办理。

（一）准确把握"诉"与"访"的内涵

建立诉访分离的统一标准，前提是要准确把握"诉"与"访"的内涵，区分二者的性质。所谓"诉"，是指符合法律规定的条件，可以按照诉讼程序解决的请求，包括起诉、上诉或申请再审等告诉类请求，还包括法律和司法解释规定的提出异议和申请复议等异议类诉求。它作为一种法律承认和保障的利益，当事人可以依法通过诉讼程序，获得司法上的裁判，实现司法上的权利救济。所谓"访"，一般是指当事人通过来信、来访等形式向各级党的机关、国家机关反映的，但一般不能启动司法程序的问题和事项。它是公民政治参与的渠道，注重保障人民当家作主、参政议政的民主权利。虽然信访具有一定的纠纷解决功能，但信访机制中并没有争议解决的规范架构，其权利救济功能其实是一种附带或例外。因而，"诉"是法律规则下、司法程序内的权利保障方式，强调司法裁判的功能与作用；"访"是司法程序外、非常态的权利救济途径，侧重于民主监督与个案正义的实现。

（二）合理确定"诉"与"访"的界限，甄别信访事项

在理解把握"诉"与"访"内涵的基础上，要合理确定"诉"与"访"的界限。对属于法院管辖，具有一审、二审或再审内容的来信来访，应纳入"诉"的范畴。还有一些应当通过司法程序处理的情况，也要按照相应法律程序处理。《条例》第二十二条规定，各级党委和政府信访部门对收到的涉法涉诉信件，应当转送同级政法部门依法处理；第三十一条规定，对于应当通过审判机关诉讼程序或者复议程序、检察机关刑事立案程序或者法律监督程序、公安机关法律程序处理的，涉法涉诉信访事项未依法终结的申诉求决类事项，按照法律法规规定的程序处理。对已穷尽一审、二审或申请再审司法程序，当事人通过来信来访等形式针对人民法院诉讼案件提出意见、建议、投诉、申诉或反映其他事项的，应纳入"访"的范畴。有权

处理的机关按非诉讼的信访机制处理，听取信访人陈述并调查核实，出具信访处理意见书。对重大、复杂、疑难的信访事项，可以举行听证。

（三）推进"诉"与"访"甄别的标准化

在具体案件的甄别上，党委和政府信访部门、司法机关、行政复议机关以及人大信访部门要对"诉"与"访"形成统一的判断标准，保持甄别标准的一致性，避免各行其是。同时，各级党委和政府信访部门对走访反映涉诉问题的信访人，应当释法明理，引导其向有关政法部门反映问题，从源头化解涉法涉诉访。近年来，江西省检察系统探索建立源头化解涉法涉诉访的机制，涉法涉诉信访从普通信访中分离出来后，在司法机关不能再搞"诉访分离"，而应"诉访统一"，真正从源头化解涉法涉诉信访。①

二、完善"访诉调"对接机制

"访诉调"的高效对接，是诉访分离、诉调衔接机制运行的重要环节。在我国，信"访"不信"法"的现象

---

① 2021年4月、2022年7月江西省检察系统调研，对江西各级检察院从源头化解信访矛盾纠纷的工作总结。

长期存在。其形成原因，一方面在于传统观念的影响，如"信官不信法"，有的信访人以上访鸣冤、请求父母官为民做主作为救济途径，也有少数信访人希望通过信访获得正常诉讼中无法获得的利益；另一方面则在于司法渠道高昂的诉讼成本，这也是最为重要的现实因素。司法是正义的最后一道防线。作为最后的救济手段，其程序设计相对复杂，目的是最大限度地实现社会所接受的正义。这在实践中则导致当事人投入大量的时间、精力和金钱，提高了诉讼成本。为了更好地实现诉访分离，我们要完善诉访对接机制，尽量降低信访事项进入诉讼轨道解决纠纷的成本，减轻当事人的负担，提高诉讼纠纷解决方式的可接受度。

（一）创新发展新时代"枫桥经验"，搭建"信访—调解—司法"联动平台

在生活节奏不断加速的信息社会，民众对纠纷解决的及时性、便捷性、低成本的需求越来越高。信访工作也应以"规范、便民、高效、有序"为目标，建立和完善"访诉调"联合接访工作机制，形成信访接待、人民调解、法律咨询、心理疏导等"一站式""一条龙"服务模式，实现从信"访"到信"法"的正向导流。《条例》第十五条规定，乡镇党委和政府、街道党工委和办事处以及村（社

区）"两委"要全面发挥职能作用，坚持和发展新时代"枫桥经验"，积极协调处理化解发生在当地的信访事项和矛盾纠纷，努力做到小事不出村、大事不出镇、矛盾不上交。在联合接访工作中，要做到能调必调，及时提供诉前联调、法律指导、司法确认、案件速裁等保障服务，最大限度从源头预防化解纠纷，提高初信初访的办结率和群众满意度；如果调解无法达成一致，也可以快速导入司法程序，帮助群众"走进"法院之门，有效维护群众的合法权益。

（二）健全涉法涉诉信访工作协调联运机制

"诉"与"访"是两个相互分离又相互衔接的过程，司法部门和信访部门在各自的职能范围内，应加强沟通协调，发现不属于本部门处置的事项时，要及时进行移送，实现"诉"与"访"的衔接。对于诉讼程序终结的案件，应及时纳入"访"的范畴，交由信访部门处理，做好矛盾化解和稳定工作；对诉讼程序未完成的案件，或在信访程序中发现信访事项符合再审条件的，信访部门应告知当事人正确行使诉讼权利，由审判机关按照审判程序对案件进行审理。总之，避免出现管辖真空、相互推诿的现象发生，确保具体事项"有人接、有人管、有人办"。

（三）立足数字化信息系统，推动诉访对接的高效化、规范化、智能化

随着智能互联网时代的到来，公共部门在提供在线系统方面所面临的压力越来越大，因为当公众的消费体验从一个行业渗透到另一个行业时，"期待鸿沟"就产生了。[①] 从网络购物、电子报刊订阅，到外卖平台、互联网理财、移动支付、共享经济等，人们在移动互联网中的消费体验正在影响其如何体验其他之前被认为无关联的服务，信访工作也需要在理解并划定其价值策略时增加新的维度。以数字技术支持信访引导、诉访对接应当成为信访建设的方向。具体来说，就是通过在线接访平台与信访人即时互动，推动网络接访从"静态的被动接收"转向"动态的主动引导"，并在这个过程中探索信访事项和矛盾的源头治理；探索清单式自动化工作流程、大数据辅助决策、一体化协同共管，推进诉访程序的数字化对接，通过技术扩大公众接近正义的途径。

---

① 参见伊森·凯什、奥娜·拉比诺维奇·艾尼：《数字正义——当纠纷解决遇见互联网科技》，赵蕾、赵精武、曹建峰译，法律出版社2019年版，第227页。

三、加强对涉法涉诉信访事项的跟踪监督

有效的监督是诉访分离机制运行的必要保障。除了高昂的诉讼成本，当事人通过诉讼解决问题还面临着两大困扰：可能的司法腐败与难以避免的执行难。[①] 在信访事项导入诉讼程序之后，还要加强对其办理情况的跟踪监督，确保人民群众的诉求得到依法充分回应。

（一）加强对涉法涉诉信访事项的督查

信访督查是指信访部门依照法定职责对同级工作部门和下级党政机关落实有关信访工作决策部署、处理信访事项、执行信访处理意见等情况予以督促检查的行为。加强对涉法涉诉信访事项的跟踪督查，既是落实诉访分离制度、促进信访问题解决的重要举措，也是信访部门发挥职责作用的一个重要方面。实践中，司法程序的解决纠纷情况往往对信访工作产生影响，如《中华人民共和国民事诉讼法》修改之前，"申诉难""申请再审难"一定程度上导致了应通过再审程序处置的事项转到信访工作中来。[②] 申请再审的渠道不够畅通和规范，申请再审的权利不能很好

---

① 宁杰：《ADR 热的冷思考》，《法律适用》2005 年第 2 期。

② 唐龙生、刘菲：《论诉访分离工作机制之构建》，《法治研究》2010 年第 1 期。

地实现，导致许多当事人无奈之下只好选择信访寻求救济、实现诉求。可以说，司法解决纠纷渠道的畅通以及司法公正，是诉访分离得以实现的重要因素。《条例》第三十八条规定："各级党委和政府应当对开展信访工作、落实信访工作责任的情况组织专项督查。信访工作联席会议及其办公室、党委和政府信访部门应当根据工作需要开展督查，就发现的问题向有关地方和部门进行反馈，重要问题向本级党委和政府报告。"据此规定，对分离的涉法涉诉事项导入法律途径的，信访部门要加强与受理、转办的行政、司法机关的联系和沟通，充分了解情况，及时跟踪督促，保障群众合法诉求，维护群众合法权益，特别是各级党委要从"坚持和加强党对信访工作的全面统一领导"的要求出发，对司法机关涉诉信访进行监督、督查。涉法涉诉信访从普通信访分离导入司法程序后，应及时解决，不能从党委和政府信访分离后，到司法机关没有下文，导致矛盾纠纷搁置不化解。涉法涉诉信访回到司法机关后，不能再次"诉访分离"，而应"诉访统一"，才能从源头化解涉法涉诉信访。①

① 2021 年 4 月、2022 年 7 月江西省检察系统调研，对江西省各级检察院从源头化解信访矛盾纠纷的工作总结。

（二）强化信访工作的考核，落实涉法涉诉信访事项的工作责任

信访工作是一个系统性工程，特别是涉法涉诉信访事项的处理，往往涉及多个部门、不同程序。因此，要通过强化信访工作的考核，加强对涉法涉诉信访事项的跟踪监督，落实各部门的信访工作责任。防止司法机关以涉法涉诉访与其他访分离为由，在无外界监督的情况下，不进行自我纠错，影响司法正义的实现。《条例》要求，各级党委和政府每年要对涉法涉诉信访工作情况进行考核，监督是否依规依法及时就地解决信访问题；党委和政府信访部门应当编制信访情况年度报告，向本级党委和政府、上一级党委和政府信访部门报告涉法涉诉信访事项的转送、交办、督办情况。《条例》第五章对需要进行责任追究的情形和方式作出明确规定，包括引发问题责任、登记转送交办责任、受理问题责任、处理问题责任以及其他责任，对违反责任的机关、单位及人员依规依纪依法严肃处理。

问题二十

如何理解群众宁愿信访，也不提起
行政复议和司法诉讼？

　　信访制度作为我国民主政治制度的重要补充制度，作为国家治理的一种机动性制度，构建了党和政府与人民群众之间便捷、快速、低成本沟通的渠道，极大地保证了人民群众第一时间能向各级党政机关、单位反映情况，提出建议、意见或者权益请求，并要求有关机关、单位依法依规处理的独有制度优势和政治优势，是其他的行政复议、司法诉讼等制度不能取代的。2022 年 2 月 25 日，中共中央、国务院发布的《条例》，从党法和国法层面全面加强和推进了信访工作的功能实现。

一、从信访功能的维度看，信访制度具有独特优势

在日常生活中，人民群众遇到问题、矛盾纠纷不寻求行政复议、司法诉讼而是选择信访，这说明在人民群众的心里认为信访制度具有有效解决问题、救济权利的功能，促使人民群众在需要帮助和救济时首选信访。这就需要分析信访制度的社会功能。

（一）关于信访制度的功能说

当前，学术界关于信访制度的功能，有多种学说阐述，如行政救济说、申诉救济机制说、信访权利说、辅助政制说等，这些学说从不同的角度论述了信访制度的某一项或两项功能，但都没能涵括信访制度的全部功能。行政救济说认为信访是一种特殊的行政救济方式，其法律依据不是一般的法律，而是来源于宪法。[①] 申诉救济机制说认为信访本质上属于一种行政申诉制度，与当代世界各国普遍存在的申诉制度功能基本相同，因此主张借鉴国外申诉专员制度的基本思路，将信访作为行政性申诉救济机制的

_____

[①] 参见应星：《作为特殊行政救济的信访救济》，《法学研究》2004 年第 3 期。

一环加以重构，发挥其替代诉讼机制的功能。[1] 信访权利说认为信访作为一种"权利形态"正在被理论证成、被普通公民实践并开始达成一种普遍的权利共识，信访正在从新中国成立之初公民行使民主权利的方法和手段，成长为一种独立的权利类型以及一套系统的权利救济机制。[2] 辅助政制说认为在我国宪法框架下，信访属于辅助政制的范畴，其地位仅次于政治协商制度，是辅助政制的重要组成部分。[3] 这些学说综合在一起，较全面地说明了信访制度的功能，体现了信访制度的独有优势。

（二）信访工作的群众性功能

信访制度除上述学说所述功能外，还有一项最重要的功能，就是奠定了党的群众基础，上述各种学说阐述的信访制度的功能最终都要落实在群众工作的基础功能上，即坚持以人民为中心，践行党的群众路线。从中国共产党长期的社会实践看，信访工作加强了党和政府与人民群众之

---

[1] 参见范愉：《申诉机制的救济功能与信访制度改革》，《中国法学》2014年第4期。

[2] 参见任喜荣：《作为"新兴"权利的信访权》，《法商研究》2011年第4期；林喆：《信访制度的功能、属性及其发展趋势》，《中共中央党校学报》2009年第1期。

[3] 参见童之伟：《信访体制在中国宪法框架中的合理定位》，《现代法学》2011年第1期。

间的血脉联系，贴近人民群众，呼应人民群众，历来受到党中央的高度重视。这正是人民群众遇到需要向党和政府反映的问题、建议、诉求时，选择信访而不是选择行政复议和司法诉讼的根本原因。《条例》为这一功能的依法实现，提供了更加全面的系统性法治化保障，进一步巩固了党的群众基础的法治环境。

二、从历史维度看，党一直高度重视信访工作

中国共产党从革命根据地时期到新中国成立后，党和国家领导人都高度重视人民群众的来信、来访，毛泽东同志、周恩来同志曾亲自回复群众来信，毛泽东同志还就群众来信问题专门作出指示。这充分表明党对信访工作的重视。

随着国家的发展，信访制度由政治监督功能转向权利救济功能，成为人民群众最直接、最方便向党和政府、有关单位寻求救济的方式，强化信访制度在国家治理和党的群众工作中的重要地位。党的十八大以后，以习近平同志为核心的党中央，始终把信访工作摆在重要位置，习近平总书记多次对信访工作作出重要指示，要求"各级党委、政府和领导干部要坚持把信访工作作为了解民情、集中民

智、维护民利、凝聚民心的一项重要工作，千方百计为群众排忧解难。要切实依法及时就地解决群众合理诉求，注重源头预防，夯实基层基础，加强法治建设，健全化解机制，不断增强工作的前瞻性、系统性、针对性，真正把解决信访问题的过程作为践行党的群众路线、做好群众工作的过程"。[①] 党的十八大以来，习近平总书记更是多次给人民群众、社会团体回信，[②] 极大提升了社会凝聚力和向心力。2022 年 2 月 25 日，中共中央、国务院发布的《条例》明确了习近平总书记的上述指示。党中央重视信访工作已是党法和国法的要求，这也是人民群众选择信访、信任信访的根本所在。

三、从权利效率维度看，充分保障了信访请求权的实现

信访权从法理上可以分为两个层面的权利：一是信访请求权，即提出信访的权利；二是信访请求权背后的具体权利，即请求权要解决的具体问题。请求权启动信访程

---

① 中共中央文献研究室编：《习近平关于社会主义社会建设论述摘编》，中央文献出版社 2017 年版，第 163 页。
② 中央信访工作联席会议办公室、国家信访局编：《〈信访工作条例〉辅导读本》，中国法制出版社 2022 年版，第 140 页。

序，是实现具体权益的前提。信访制度在程序设计上，对人民群众行使信访请求权，向有关机关、单位表达意愿和利益诉求，没有时效和方式限制，这一点就极大地保障了人民群众信访请求权及其背后各项基本权利的实现，实质是保障了人民群众民主政治权利和人民主权的实现。同时，《条例》第十七条规定的人民群众行使信访请求权的多种方式，保障和方便了人民群众行使政治监督的民主权利，以及参与国家治理的国家主人的宪法权力。人民群众在日常工作和生活中，随时可以选择自己方便的网络、书信、走访等形式，向党和政府有关部门反映问题，提出意见、建议或请求权利救济，收到信访事项的各级党委和政府信访部门，对人民群众提出的信访事项要依法进行登记，并要在 15 日内根据信访事项的不同情况，作出处理：一是收到的信访事项，属于本级机关、单位或者其工作部门处理决定的，应该转送有权处理的机关、单位；情况重大、紧急的，应当及时提出建议，报请本级党委和政府决定。二是收到的信访事项，涉及下级机关、单位或者其工作人员的，按照"属地管理、分级负责，谁主管、谁负责"的原则，转送有权处理的机关、单位。三是收到的信访事项，涉及有重要情况需要反馈办理结果的，在转交有权处理的机关、单位办理时，要求其在指定办理期限内反馈结果，提交办结报告。四是收到的信访事项属于涉法涉诉信访内容的，各级党委和政府信访部门应将文字材料转送同级政法部门依法处理，对走访反映问题的信访人要引导其向有关政法部门反映问题。五是收到的信访事项属于纪检监察机关受理的检举控告类信访事项的，应当按照管理权限转送有关纪检监察机关依规依纪依法处理。

上述信访请求权便捷畅通的实现方式，保障了信访请求权背后的具体权益的实现。同时，《条例》要求收到信访事项的有权处理机关和单位，要在规定的时间内告知信访人信访事项接收情况以及处理的途径和程序，要做到"件件有回音"。行使信访权利没有时效限制和"件件有回音"的规定，保障了人民群众合法权益的实现，特别是保障了社会弱势群体、低收入群体等民主权利及其他基本权利的实现，促进了社会公平，是人民选择信访的根本所在。

行政复议和司法诉讼对公民行使复议权或者诉讼权利，一般要求在行政决定书下达后，或者知道权益受损后一定时间内，向复议机关或者人民法院提起复议请求或诉讼请求，特别是有的案件提起行政复议的时效仅 15 日，这样的时效限制，在复议请求人考虑是否复议时，就过了复议时效，在一定程度上不方便人民群众行使复议权。同理司法诉讼也存在这样的问题，有的行政争议提起行政诉讼时限也是 15 日，民事纠纷提起诉讼的时效从 1 年到 20 年不等，时效越短的，相对而言，越不利于权利人行使诉讼请求权。信访制度没有时效限制的便民优势是决定信访人选择信访实现权利，而不是选择行政复议和司法诉讼的重要原因。

四、从信访事项处理维度看，保障了信访人更广泛的基本权益

处理好信访人提出的信访事项，是保障信访人权利实现的前提，更是保障民主政治权利和人民当家作主宪法权利实现的基础。《条例》要求对信访事项的处理，在遵循坚持党的全面领导、坚持以人民为中心、坚持落实信访工作责任、坚持依法按政策解决问题、坚持源头治理化解矛盾的五项原则的前提下，各级机关、单位及其工作人员办理信访事项，要恪尽职守、秉公办事，对信访诉求要及时妥善处理，不得推诿、敷衍、拖延。在查明事实、分清责任的前提下，根据各自职责和有关规定，对人民群众的信访事项，按照诉求合理的解决问题到位、诉求无理的思想教育到位、生活困难的帮扶救助到位、行为违法的依法处

理的要求，分别处理。对信访事项已经复查复核和涉法涉诉信访事项已经依法终结的相关信访人，也要做好疏导教育、矛盾化解、帮扶救助等工作。其中，对诉求无理的思想教育到位，体现了对信访人精神健康权的重视，通过做信访人的思想教育工作，解开信访人的心结，保障信访人的精神健康，是健康基本权利深层次的实现。对生活困难的帮扶救助到位，是宪法第四十五条规定的"中华人民共和国公民在年老、疾病或者丧失劳动能力的情况下，有从国家和社会获得物质帮助的权利。国家发展为公民享受这些权利所需要的社会保险、社会救济和医疗卫生事业"的具体落实。在保障信访人生存权实现的基础上，进一步保障了信访人多项基本权利的实现，如健康权、发展权、教育权等。

《条例》强调信访工作要坚持和发展新时代"枫桥经验"，要求村（社区）"两委"和镇、街道基层管理组织对发生在自己行政辖区的信访事项和矛盾纠纷，要第一时间积极协调处理，努力做到小事不出村、大事不出镇、矛盾不上交，有的地方还总结出"问题不过夜""避免小事变大"，把矛盾纠纷化解在初始阶段，避免信访人在信访事项上耗时耗力，促进多方共赢的结局。实践中，很多省市做了有益探索，从源头化解信访矛盾纠纷，就地解决人民群众信访诉求，更好地保障信访人权益，如安徽省2021年12月建立"党建＋信访""清单＋闭环""倒查＋问责""专项治理＋系统治理"四项机制，省委书记郑栅洁同志和省长王清宪同志分别下基层带头接访，推进各级干部重视群众信访，及时就地解决群众信访问题，群众获得感、满足感明显提升，2022年上半年进京访信访案件总量大幅度下降。①

综上所述，信访工作作为党的群众工作的重要组成部分，历来受到党的高度重视，信访请求权的无时效限制、便捷的权利实现方式和全面兜底信访人合理、合法、合情诉求的优势，打开了一扇人民群众向党和政府敞开心扉，充分反映需求、疾苦的大门，所以人民群众用脚投票，选择迈向这扇大门。

---

① 资料来自2022年8月初对安徽省多市县的调研。

问题二十一

如何有效化解信访矛盾，做到"事心双解"？

化解信访矛盾，不仅是在法律形式上完成信访程序，更重要的是法律实体的处理结果能让信访人接受和认可，真正做到"事心双解"。

一、"事心双解"的内涵

"事心双解"有两层含义：一是要求将信访人合理诉求解决到位，也要将诉求无理的思想教育到位、生活困难的帮扶救助到位。换言之，面对信访人合理的诉求，要依法及时解决诉求，避免因拖延导致信访矛盾扩大与激化；面对信访人不合理的诉求，要积极引导、教育、帮助信访人。二是要求既解决信访人所涉的问题事项，又疏解信访人的"心结";既提升化解信访矛盾的完成率,又提升化解信访矛盾的满意率。特别是遇到信访积案等长期没有解决的问题时,既要解决信访人诉求的实际问题,也要打开信访人的心结、疏解信访人的情绪、理顺信访人心中的"气"。

化解信访矛盾,实现"事心双解"要依托以信访工作为抓手的矛盾纠纷多元调处化解综合机制,坚持完善源头治理、多元合作有效化解信访矛盾的道路。要做实基础性群众工作,多措并举、综合施策,将着力点放在源头预防和前端化解上,把可能引发信访问题的矛盾纠纷化解在基层、化解在萌芽状态。党委、政府、信访联席会议和信访部门要从职责出发,做好信访矛盾预判工作,力争把矛盾纠纷化解在萌芽状态或爆发初期,最大限度地降低矛盾双方的对抗性。

二、化解信访矛盾的路径

群众信访多年、反映强烈的矛盾问题往往成为信访积案,这些信访积案成为最难实现"事心双解"的阻碍。这些信访积案很多由于未及时办理解决,信访人不仅要求对原信访事件加以解决、处理,还要求对拖延期间所付出的成本加以赔偿。但往往由于当时诉求事件合理但不合法，且缺乏对于拖延期间的补偿标准，导致信访人的诉求难以满足。这更加剧了信访人的不良情绪与"心结"，使其不断提高诉求，令信访案件陷入死循环，更加难以解决。

这就要求在化解信访矛盾中始终坚持人民至上。首先，将维护群众合法权益作为出发点和落脚点。其次，带着感情和责任，全力推动化解突出矛盾。最后，不断提升一次性化解率和群众满意率。特别是在化解突出矛盾上，精准把握好维权和维稳的辩证关系，深切地认识到维权是维稳的基础，维稳的实质是维权，只有人心安定，社会才能稳定。

三、借鉴实践中的成功做法

各地在信访矛盾纠纷的化解方面，做了很多有益尝试，并取得了良好社会效果，可以借鉴。

在实践中，安徽推进的"最多投一次""最后访一回"改革试点，使信访事项平均办理效率提升75%；湖南探索建立信访事项办理情况回访核实机制，通过第三方对群众不满意的信访事项全部回访；广西拓展多元化解主体，打造民族信访矛盾纠纷排查化解"一县一模式"；河南开展

"百名党员干部化解千起信访积案"活动，全力做好释法明理、帮扶救助等工作，使信访积案得到妥善解决；[①]江西省检察系统建立的"案—访比"质效分析管理制度从源头预防涉法涉诉信访的发生，近年江西检察系统涉法涉诉信访案件大幅度下降。[②]

从这些事例中可以看出，在化解信访积案、实现"事心双解"的过程中，需要运用经济、社会、文化等各种手段，充分发挥社会化调解功能。相较于行政化的方式，社会化调解突出对矛盾纠纷在自愿协商基础上，于社会基础层面上解决，成本支出少，易为公众接受；运作中与区域文化契合，在充分尊重矛盾纠纷当事方前提下，提高其对结果的接受度，防止纠纷矛盾恶化。实践中，各地探索形成了"和面团"社会调解、化解矛盾"五五"、"三懂一会"、[③]"三心一问"、[④]"三访三事三色"、[⑤]"一线五到三服务"

---

① 《国家信访局：2021年一大批信访矛盾问题得到妥善解决》，新华网，2022年1月18日。

② 2022年7月对江西省检察系统信访工作的调研。

③ "三懂一会"，即懂政治、懂法律、懂政策，会做思想工作。

④ "三心一问"，即耐心、公心、爱心和一句深情的问候。

⑤ "三访三事三色"，即通过三访听民声，一是开展网格化走访，二是通过"群工系统"网上接访，三是组织"社区工作日"集中接访；通过"三事"明责任，一是通过党政合办"公家事"，二是共驻共办"大家事"，三是热心协办"自家事"；通过"三色"强预警，一是"红色"挂号办，二是"橙色"紧盯办，三是"黄色"积极办。

等工作法，①用以防范和处理信访积案，实现"事心双解"。

① "一线五到三服务"，即工作要到一线去，干部工作到一线、党员指导到一线、服务下沉到一线、资源集聚到一线、问题解决到一线，服务基层组织、服务项目企业、服务人民群众。

问题二十一　如何有效化解信访矛盾，做到"事心双解"？

问题二十二

如何落实全面依法治国要求，依法处理涉法涉诉信访问题？

全面依法治国要求各种社会矛盾要在规范的、法治的轨道上解决。这既需要法治精神和法治思维的养成，也需要完善相关制度、机制。党的十八届三中全会通过的《中共中央关于全面深化改革若干重大问题的决定》（以下简称）《决定》）明确提出："把涉法涉诉信访纳入法治轨道解决，建立涉法涉诉信访依法终结制度。"[①] 中共中央办公厅、国务院办公厅联合发布的《关于依法处理涉法涉诉信访问题的意见》进一步对依法处理涉法涉诉信访问题作出规定。

[①] 《中共中央关于全面深化改革若干重大问题的决定》，人民出版社 2013 年版，第 51 页。

一、对涉法涉诉信访事项的处置

根据《决定》，应从多角度推进信访制度的改革。

第一，实行诉讼与信访分离制度，把涉及民商事、行政、刑事等诉讼权利救济的信访事项从普通信访体制中分离出来，由政法机关依法处理。

第二，建立涉法涉诉信访事项导入司法程序机制，各级政法机关及时审查涉法涉诉信访事项，符合法律规定的，依法转入相应法律程序办理；不符合法律规定的，做好解释说明工作。

第三，严格落实依法按程序办理制度，对已经进入法律程序处理的涉法涉诉信访问题，政法机关依法按程序在法定时限内公正办结。

第四，建立涉法涉诉信访依法终结制度，对经过中央或省级政法机关审核，认定涉法涉诉信访人反映的问题已经得到公正处理，除有法律规定的情形外，依法不再启动复查程序。

第五，健全国家司法救助制度，对因遭受犯罪侵害或民事侵权，无法经过诉讼获得有效赔偿，造成当事人生活困难的，按规定及时给予司法救助。

二、促进涉法涉诉信访公平公正解决

把涉法涉诉信访纳入法治轨道解决，就必须保证群众的合理合法诉求，在司法程序和规定时限内得到公平公正解决。为此，必须做到以下几点。

第一，提高司法裁判的质量，结合深化司法体制改革的各项要求和举措，建立健全科学合理的司法权力运行机制，保证使每起案件在程序和结果上都是公正、合理、高效的。

第二，强化多元监督，确保司法各项权力不被滥用，如果发生错案，必须能够及时依法予以纠正。

第三，严格司法责任制，落实办案质量终身负责制。对于群众诉求不及时受理、不按期办结、有错不纠的，要依纪依法追究相关人员的责任。

第四，深化司法公开，以公开倒逼司法公正，提高人民群众对涉法涉诉信访问题处理的认可度。

问题二十三

如何理解信访制度及其功能？

信访工作是社会主义民主政治建设的一个重要方面，与政治文明建设密切相关。有效加强信访工作需认清信访制度的本质并完善信访制度。

一、从民主政治角度理解信访制度

国家信访局原局长舒晓琴在《求是》发文提出："习近平总书记关于加强和改进人民信访工作的重要思想博大精深，涵盖了信访工作的方方面面，深刻指出了信访制度是中国特色社会主义民主政治制度的有益补充，必须坚持、加强、创新、完善。"[①] 这为我们从民主政治的角度理解我国信访制度，有效加强信访工作提供了思路。

---

① 舒晓琴：《深入学习贯彻习近平总书记关于加强和改进人民信访工作的重要思想》，《求是》2018 年第 24 期。

（一）信访制度是中国特色社会主义民主政治制度体系的有机组成部分

从本质看，信访制度本身就是一种民主制度。"信访制度作为发扬人民民主的制度设计，也是国家民主政治制度体系的有机组成部分。"[1]信访制度的民主属性可以追溯到江西瑞金革命根据地，当时政府设立了控告箱接受劳动大众来信反映干部腐败、官僚作风等。1951年5月16日，毛泽东同志在《必须重视人民群众来信》中指出："必须重视人民的通信，要给人民来信以恰当的处理，满足群众的正当要求，要把这件事情看成是共产党和人民政府加强和人民联系的一种方法，不要采取掉以轻心置之不理的官僚主义态度。"[2]新中国成立后，主管信访工作的杨尚昆明确指出："群众经过来信、来访，向中央机关或者省市机关提出意见，提出要求，不仅仅应该认为是领导机关同群众联系的一种方法，而且应该认为是群众的一种民主权利。"[3]从最初创设信访制度的构思看，信访制度天然就具

---

① 舒晓琴主编：《中国信访制度研究》，中国法制出版社 2019 年版，第 63 页。

② 中共中央文献研究室编：《毛泽东文集》第六卷，人民出版社 1999 年版，第 164 页。

③ 《全国信访工作会议资料汇编（内部资料）》，中共中央办公厅、国务院办公厅 1989 年编印，第 6 页。

备民主属性，而民意表达、民主监督等都是信访制度的外在必然体现，是其民主属性的应有之义。

（二）信访制度是中国特色社会主义民主政治制度的有益补充

信访制度在整个中国特色社会主义民主政治制度之中是一种补充角色，这是对信访制度的定位。信访制度在本质上是一种民主制度，但并不是主体制度。相对于人民代表大会制度、中国共产党领导的多党合作和政治协商制度、民族区域自治制度和基层群众自治制度等发挥主体作用的民主政治制度而言，信访制度更加灵活和具体，并且由于其直接性、低成本性、非专业性等特性，使其可以渗透到发挥主体作用的各制度之中，起到有效补充作用，这种组合可谓是相得益彰。

二、切实发挥民主功能，有效加强信访工作

信访制度和我国其他民主政治制度相比，既具有一致性，也具有差异性。正是这种差异性使两者之间具备了不同的目标、发挥着不同的作用，信访制度也因此能够成为中国特色社会主义民主政治制度的有益补充。作

为一种补充性的民主政治制度设计，其民主本性赋予了它多重功能，要切实发挥多重民主功能，有效加强信访工作。

（一）发挥民意表达功能

2016 年，习近平总书记对信访工作作出重要指示："当前群众通过信访渠道反映出来的信访突出问题，既有新动向，也有老难题，但都事关群众切身利益，事关社会和谐稳定。"[①]信访是了解社情民意的重要渠道，通过信访，处于决策层的领导机关和领导同志可以更为真切地了解到广大人民群众的急难愁盼问题。发挥信访工作的民意表达功能，一方面，广大领导干部要抛却畏惧信访的心理，将信访工作作为发现矛盾、解决矛盾的一个契机，对信访人要积极热情接待，不能推诿、躲避、吓唬，要耐心听取、疏导，以及时解决问题，避免矛盾日积月累而引发更大规模的纠纷，真正将"送上门的群众工作"做好。另一方面，习近平总书记指出，"把各种渠道的群众反映综合起来受理和解决，是一个好做法"。[②]各级党政领导干部要畅

---

① 中共中央文献研究室编：《习近平关于社会主义社会建设论述摘编》，中央文献出版社 2017 年版，第 159 页。

② 《深学 细照 笃行——习近平总书记在兰考调研指导党的群众路线教育实践活动纪行》，《河南日报》2014 年 3 月 20 日。

通信访渠道，通过日常接待、浏览信访信息、主动调查研究等方式使群众信访有路、投诉有门，诉求是否合理、问题能否解决都必须在了解后才能判断，从而有效加强信访工作。

（二）发挥民主监督功能

民主监督可以通过两个方面集中民智。一方面，在党政机关决策之前可以先了解民情，在此基础上有利于作出更加科学的决策，这也是了解民情的必然结果。信访信息可以对官方信息进一步补充，防止信息失真，起到拾遗补阙的重要作用。另一方面，信访可以使党政机关在决策之后进行评估，防止权力滥用。

信访制度的设计本意有两个：一是作为党联系群众的方式，二是防止官僚主义。这本是民主体制的两面：一是要保障公民参与，二是要防止权力滥用。党政机关通过信访反映出来的问题进行自我反省，对决策正确的要继续延续推广、对决策不足的及时优化调整、对决策失误的及时纠偏并进行责任追究。因此，通过切实发挥信访制度的民主监督功能，既可以促进决策的科学化，又可以有效地进行决策纠偏。

（三）发挥权利救济功能

尽管信访制度的权利救济功能多有非议，一直以来都存在影响司法权威的质疑。但毫无疑问的是，信访工作确实解决了不少困扰群众的难题，真正地维护了更多人的合法合理利益。切实发挥信访工作的权利救济功能需要走出以下两个误区：一方面，维护人民利益本身就是社会主义民主政治制度的应有之义，信访制度作为中国特色社会主义民主制度的有机组成部分，其权利救济功能自然应当予以保留，而不能直接剥离。另一方面，信访是人民群众进行权利救济的渠道，但并不是主要渠道，更不是唯一渠道。有很多人放弃将矛盾纠纷诉诸司法途径的原因在于法律程序繁琐、专业性较强，而且还有"执行难"、法律责任承担等问题。信访工作要健全分类处理机制和统筹协调机制，既不能一股脑地将所有矛盾纠纷一并受理，又不能一味地置之不理。所以，在信访工作中，要进一步强化分类处理工作，将涉法涉诉问题引导至司法机关解决。

（四）发挥情感纽带功能

民心是最大的政治，中国共产党在长期的革命和建设过程中，探索出了独具特色的政治认同机制——群众路线。群众路线要求领导干部要"从群众中来，到群众中去"，党和群众之间是"鱼水关系""血肉关系"，二者之间彼此依存、紧密相连。信访是党的群众工作的重要组成部分。群众通过信访表达意见、反映问题，党和政府及时作出回应，搭建了领导干部和群众之间建立亲密情感的纽带，群众的政治信任不断增强。为此，要求党和政府健全信访工作的公开机制，保证党和政府了解群众关心什么、需要解决什么。同时，及时作出回应，并将之公之于众，做到事事有回音、件件有落实。正如习近平同志在浙江工作时所指出的："变群众上访为领导下访，不是信访工作的唯一形式，也不是越俎代庖，取代基层工作，而是一种思想观念的转变，一种工作思路的创新，一种行之有效的机制，一种发扬民主、体察民情、联系群众的重要渠道。这有利于进一步畅通与基层群众交流沟通的渠道，有利于面对面地检查督促基层信访工作，有利于发现倾向性问题，深化规律性认识。"① 因此，搭建领导干部和群众的联系纽带，主动接受群众来信来访，主动走进群众中，接受意见、发现问题，以此减少可能产生的信访问题，实现从源头防范化解矛盾纠纷，有效推进信访工作高质量发展。

---

① 习近平：《面对面做好群众工作》，《浙江日报》2004 年 5 月 24 日。